Fundamentos da evangelização: conversão e integração na missão evangelizadora da Igreja

O selo DIALÓGICA da Editora InterSaberes faz referência às publicações que privilegiam uma linguagem na qual o autor dialoga com o leitor por meio de recursos textuais e visuais, o que torna o conteúdo muito mais dinâmico. São livros que criam um ambiente de interação com o leitor – seu universo cultural, social e de elaboração de conhecimentos –, possibilitando um real processo de interlocução para que a comunicação se efetive.

Cícero Manoel Bezerra
Josadak Lima

Fundamentos da evangelização: conversão e integração na missão evangelizadora da Igreja

 Rua Clara Vendramin, 58 . Mossunguê
CEP 81200-170 . Curitiba . PR . Brasil
Fone: (41) 2106-4170
www.intersaberes.com
editora@editoraintersaberes.com.br

Conselho editorial
Dr. Ivo José Both (presidente)
Dr.ª Elena Godoy
Dr. Neri dos Santos
Dr. Ulf Gregor Baranow

Editora-chefe
Lindsay Azambuja

Supervisora editorial
Ariadne Nunes Wenger

Analista editorial
Ariel Martins

Preparação de originais
Fabrícia E. de Souza

Edição de texto
Arte e Texto Edição
e Revisão de Textos

Capa
Charles L. da Silva (*design*)
Fotolia (imagem de fundo)

Projeto gráfico
Charles L. da Silva

Diagramação
Renata Silveira

Equipe de *design*
Iná Trigo
Sílvio Gabriel Spannenberg

Iconografia
Sandra Lopis da Silveira
Regina Claudia Cruz Prestes

Dados Internacionais de Catalogação na Publicação (CIP)
(Câmara Brasileira do Livro, SP, Brasil)

Bezerra, Cícero Manoel
  Fundamentos da evangelização: conversão e integração na missão evangelizadora da igreja/Cícero Manoel Bezerra, Josadak Lima. Curitiba: InterSaberes, 2019. (Série Conhecimentos em Teologia)

  Bibliografia.
  ISBN 978-85-227-0166-7

  1. Evangelização 2. Igreja e o mundo 3. Igreja e problemas sociais 4. Missão da Igreja I. Lima, Josadak. II. Título. III. Série.

19-29926   CDD-253.7

Índices para catálogo sistemático:
1. Evangelização: Cristianismo   253.7
   Iolanda Rodrigues Biode – Bibliotecária – CRB-8/10014

1ª edição, 2019.
Foi feito o depósito legal.

Informamos que é de inteira responsabilidade dos autores a emissão de conceitos.

Nenhuma parte desta publicação poderá ser reproduzida por qualquer meio ou forma sem a prévia autorização da Editora InterSaberes.

A violação dos direitos autorais é crime estabelecido na Lei n. 9.610/1998 e punido pelo art. 184 do Código Penal.

sumário

7 *apresentação*

capítulo um
9 **Fundamento do evangelho de Jesus Cristo**
13 1.1 Por que evangelizar?
17 1.2 O conteúdo básico da evangelização cristã
27 1.3 A evangelização e os desafios do mundo contemporâneo

capítulo dois
45 **Fundamento da conversão bíblica**
48 2.1 O sentido bíblico da palavra *conversão*
58 2.2 A conversão segundo Jesus Cristo
62 2.3 O fenômeno da conversão bíblica como processo contínuo
70 2.4 Exemplos bíblicos da conversão espiritual
78 2.5 Propósito da evangelização

capítulo três

85   Fundamentos do processo integrador na comunidade da fé

91   3.1 Um exemplo bíblico de integração eficaz à Igreja
96   3.2 Passos práticos para uma integração eficaz à Igreja
107 3.3 O processo da formação espiritual

capítulo quatro

127 Fundamento da missão evangelizadora cristã

131 4.1 O método evangelizador de Jesus e a formação de evangelizadores
150 4.2 Como evangelizar segundo o maior evangelizador, Jesus
160 4.3 Propostas evangelísticas contemporâneas
174 4.4 Alguns tipos de evangelização

183 *considerações finais*
185 *referências*
195 *bibliografia comentada*
199 *respostas*
201 *sobre os autores*

apresentação

Nesta obra, intentamos apresentar os fundamentos da evangelização e seus pressupostos, segundo os quais o evangelho não é uma alternativa de vida, mas uma questão de vida ou morte, visto que dele depende a salvação da humanidade mediante Jesus Cristo. O propósito fundamental da Bíblia é a redenção humana, e a evangelização se insere nesse contexto.

Tomamos como ponto de partida o caráter universal do evangelho, cujo conteúdo consiste na pessoa de Jesus Cristo. Abordamos também o tema da *conversão* como resposta objetiva ao recebimento da mensagem do evangelho. Depois, tratamos da integração à Igreja e do processo de formação espiritual. Finalmente, enfatizamos a missão evangelizadora cristã como tarefa inacabada.

Nossa abordagem contempla também o fato de que o Senhor Jesus Cristo estabeleceu sua Igreja como agência do Reino de Deus e a encarregou de proclamar as boas-novas de salvação na terra. Portanto, evangelizar implica dar continuidade ao que Jesus começou. Assim, cada comunidade precisa elaborar seu próprio projeto de evangelização, com estratégias e metas bem definidas para alcançar não salvos, principalmente em seu entorno, pois o Reino de Deus se estabelece à medida que os pecadores vão se convertendo a Jesus e se integrando a sua Igreja.

Enfim, com base na ideia de que o cristianismo é transcultural (está acima das culturas) e de que o evangelho é uma mensagem globalizada (universal), convidamos a uma urgente reavaliação da linguagem, dos métodos e das estratégias da evangelização em decorrência dos meios midiáticos contemporâneos e das suas profundas e abrangentes transformações sociais.

Boa leitura!

capítulo um

Fundamento do evangelho de Jesus Cristo

"O evangelho mostra que Deus nos aceita por meio da fé, do começo ao fim". (O evangelho..., 1985, p. 12)

O objetivo desta obra é apresentar os fundamentos escriturísticos da evangelização e a boa-nova da graça salvadora de Deus para o pecador perdido. Mas o entendimento teológico desses fundamentos requer, *a priori*, uma compreensão do conteúdo básico de sua mensagem: o evangelho.

Então, o que é o evangelho? A palavra grega *euangelion* quer dizer literalmente "boa-nova" (ou "boa notícia"). Piper (2006, p. 20, grifo nosso) diz que: "Esta palavra se forma de um prefixo que significa **bom** ou **alegre** e de um radical que significa **mensagem** ou **notícia**".

Nos tempos bíblicos, o evangelho era um meio para anunciar uma vitória militar:

Em um período da história em que não havia imprensa, rádio ou televisão, o mensageiro que trazia as boas notícias as entregava pessoalmente. Eram anunciadas em forma de proclamação. E tinham consigo um sentimento de celebração. O mensageiro exultava com as notícias que trazia. Eram boas-novas. (Piper, 2006, p. 20)

Considere a chegada ao mundo da boa-nova em Jesus! Ela consiste no fato de que o rei do universo, o Messias (Cristo), veio para ser Senhor e Salvador dos que creem. Não haveria evangelho se Jesus não tivesse morrido pelos nossos pecados; não haveria evangelho se Jesus tivesse permanecido morto no sepulcro (1 Coríntios, 15: 1, 3-4)[1].

O evangelho é a boa mensagem de Deus, declarando que, em Jesus Cristo, temos o cumprimento de Suas promessas a Israel, e que o caminho da salvação foi aberto a todos os povos. Desse modo, o evangelho não deve ser colocado em contraposição ao Velho Testamento, como se Deus tivesse alterado Sua maneira detratar com o homem, mas antes, é o cumprimento da Sua promessa (Mt 11.2-5). (Costa, 1996, p. 12)

Com base no entendimento do que é a boa-nova cristã, podemos avançar com outra pergunta: O que é evangelização? O verbo *evangelizar* (do grego *euangelizomai*) significa "anunciar boa notícia". Shedd (1996, p. 8) afirma que a fórmula a que chegou o congresso sobre evangelização realizado em 1966 em Berlim descreve de maneira prática e precisa o que é a evangelização:

Evangelização é a proclamação do evangelho do Cristo crucificado e ressurreto, o único redentor do homem, de acordo com as Escrituras, com o propósito de persuadir pecadores condenados e perdidos a pôr

---

1   Todas as passagens bíblicas indicadas neste capítulo são citações de Bíblia (2009), exceto quando houver outra indicação.

sua confiança em Deus, recebendo e aceitando a Cristo como Senhor em todos os aspectos da vida e a comunhão de sua Igreja, aguardando o dia de sua volta gloriosa. (Shedd, 1996, p. 8)

A evangelização tem por objetivo central a salvação do homem, pois Deus "quer que todos os homens se salvem" (1 Timóteo, 2: 4). É nesse sentido que Gilbert (2011, p. 31) afirma:

O evangelho é uma mensagem absoluta, que se intromete no pensamento e nas prioridades do mundo com verdades pungentes e estimulantes. Infelizmente, sempre tem existido entre os cristãos – até entre os evangélicos – uma tendência de abrandar as arestas do evangelho, para que ele se torne mais aceitável ao mundo.

Segundo Costa (1996, p, 12, grifo do autor),

o conceito **evangelizar** é empregado no Velho Testamento, de três formas especiais, antecipando, de certo modo, o sentido no Novo Testamento: 1) Proclamar a glória de Deus manifesta em Sua justiça, fidelidade, salvação, graça e verdade (Sl 40,10; 96,2); 2) Proclamar as boas novas referentes ao Ungido de Deus (Is 40,9; 52,7); 3) As boas novas proclamadas pelo Ungido de Deus (Is 61,1).

O Novo Testamento, por ser o cumprimento das promessas afirmativas no Velho Testamento, diz algo novo acerca do evangelho: Jesus é a própria boa-nova de Deus para o mundo; é a encarnação da boa notícia, a personificação do Reino de Deus e o centro para onde tudo converge, no tempo e no espaço (Efésios, 1: 10). A natureza da evangelização é a comunicação do evangelho. Evangelizar é, portanto, muito mais do que declarar verdades acerca de Deus; significa anunciar uma pessoa: Jesus Cristo!

Depois da encarnação do Verbo Divino, não havia mais necessidade de adjetivos; Jesus era a boa-nova por excelência (Romanos,

1: 16; 10: 16; 1 Coríntios, 1: 17; 4: 15; 9: 14; 15: 1; 2 Coríntios, 4: 3; Gálatas, 2: 5; Filipenses, 1: 7, 12, 16; 2: 22; 4: 3, 15; 1 Tessalonicenses, 1: 5; 2: 4; 2 Timóteo, 1: 8). Desse modo, o ato de evangelizar implica levar Jesus Cristo aos corações dos homens com o propósito de transformar o homem e a humanidade, a sociedade e o mundo todo, instaurando outro mundo possível.

1.1 Por que evangelizar?

A evangelização é a proclamação das boas-novas de salvação para o pecador. O pecado – inclinação adâmica ou princípio que opera na natureza humana – é a principal justificação para evangelizar. O pecado tem caráter universal: "todos pecaram" (Romanos, 2: 12); pecar faz parte da condição humana. Pelo pecado, toda a raça humana está condenada (Romanos, 3: 9). Todos os homens são herdeiros da transgressão de Adão. Assim, a salvação consiste na libertação do poder do pecado. Quando lemos, em Romanos 6: 6, "corpo do pecado" e, em Romanos 7: 24, "corpo da morte", há referência à herança adâmica, à condição do homem não regenerado. Nesse caso, **morte** significa **a separação presente e futura de Deus**.

A apresentação do evangelho, na prática evangelística, tem pelo menos três aspectos básicos:

- **Sua natureza**: Proclamar (do grego, *kerusso*) o evangelho.
- **Seu propósito**: Dar ao homem e/ou aos grupos a oportunidade de receber a Jesus.
- **Sua meta**: Persuadir os homens a se tornarem discípulos de Jesus para serem seguidores-aprendizes do evangelho.

Vamos avançar na justificativa de o porquê evangelizar. Tomemos Efésios, em que são destacadas duas categorias temporais:

passado – "outrora" (Bíblia. Efésios, 2016, 2: 2-3) e futuro – "Tempos vindouros" (Bíblia. Efésios, 2016, 2: 7), abrangendo todo o arco histórico da salvação.

A passagem do Capítulo 2 de Efésios, versículos de 1 a 3, traça o retrato da condição humana universal (sem Cristo), que implica o diagnóstico bíblico da humanidade caída:

- **Morte espiritual**: O pecado não somente é a causa da morte; é também uma condição de morte. A morte não se refere ao corpo, nem à mente, nem à personalidade, mas à alma. Na descrição do pecador, a alma carrega em si profundas realidades sobre a situação moral e espiritual do homem sem Cristo! Dessa forma, o texto explica o plano da salvação (libertação, regaste) como obra gratuita de Deus, que, por meio de Cristo, a todos alcança em nome da salvação, sem méritos por parte de ninguém. Essa condição resume-se em um único ponto: "Não há um justo, nem um sequer" (Romanos, 3: 10). O homem, por si só, é incapaz de se salvar.
- **Sujeição a Satanás**: Satanás, o príncipe deste mundo, influencia todas as áreas da vida humana. A expressão *potestade do ar* fala de sua natureza transcendental, sua invisibilidade, indicando a incapacidade do homem fugir do alcance de sua sedução (Apocalipse, 12: 9). Segundo Monteiro (1994, p. 39):

> *A descrição de Satanás como uma personalidade parece-nos mais simples e eficaz do que toda a discussão que tenta reduzi-lo a uma força pessoal e irracional. É como pessoa que ele é descrito no Novo Testamento e muitos dos fenômenos observados na nossa história podem ser melhor explicados a partir de sua existência. Satanás é um ser vivo e tem uma personalidade com todas as suas características inerentes e sua força pessoal se concentra na maldade e na interferência dos planos de Deus. Basicamente as ações de maldade que são apresentadas no novo*

testamento são incentivadas por esse ser, que tem na sua personalidade todos os traços da destruição da bondade apresentada por Deus para o ser humano.

Mesmo derrotado por Cristo na cruz, Satanás continua vivo e ativo, seduzindo e incitando o homem à rebelião. No entanto, "as boas novas da evangelização é que Deus preparou uma solução para o pecado do homem. Desde o princípio, quando o pecado entrou no mundo, Deus deixou claro que Satanás não teria a palavra final" (Shedd, 1996, p. 49).

- **Inclinações carnais**: Desejos da própria pessoa humana que têm poder escravizante cada vez maior, fazendo a vontade da carne e dos pensamentos. De acordo com Shedd (1996, p. 26), "tentar evangelizar alguém que não se sinta angustiado por causa do pecado é como tentar resgatar um homem que não percebe que se está afogando".
- **Condenação divina**: Condenação completa e total! "A rebelião e o pecado provocam a ira de santa de Deus. A *ira*, palavra praticamente ausente de vocabulário secular moderno, traduz apenas um dos termos bíblicos que expressam a alienação resultante da desobediência do homem à lei de Deus" (Shedd, 1996, p. 25). A ira de Deus (um conceito teológico profundo) pesa sobre a raça humana, que, em Adão, inclui todos os seus descendentes, demonstrada no trecho da Bíblia de Romanos, 1: 18-26.

Os versículos de 4 a 10 do Capítulo 2 de Efésios traçam o retrato da condição do homem salvo em Cristo. A citação "Mas Deus" (versículo 4) fala da intervenção divina ativa, por meio da graça (favor imerecido, benção), esperança para todos os pecadores condenados. Revela a graciosa e soberana iniciativa de Deus, demonstrando sua misericórdia ante o homem condenado à ira eterna no evento de Cristo na cruz, quando foi traçado um divisor de águas – a fronteira entre passado e presente. Observemos ainda estes três verbos: "nos vivificou" (versículo 5), "nos ressuscitou" (versículo 6) e "nos fez assentar" (versículo 6). Deus agiu em Cristo para mudar a condição dos homens "mortos" e excluídos pelo pecado para:

- **Homens vivificados** (renovação espiritual): Vitalizados com Cristo. A despeito do pecado do homem, o amor de Deus assume a forma de misericórdia para salvá-lo. Nossa morte em pecado foi cancelada por meio da ressurreição de Jesus.
- **Homens ressuscitados** (libertação radical): A ressurreição de Cristo é a nossa ressurreição. O poder da ressurreição é tão transformador que mudou até a própria aparência de Jesus. É um poder que transforma, do interior para fora, todo o nosso ser. Pela ressurreição, fomos unidos a Cristo, fonte de toda a vida. A vida de Cristo é a nossa vida para andarmos "em novidade de vida" (Romanos, 6: 4). A ressurreição de Cristo é "um acontecimento histórico, permanente e decisivo, mudou o curso da história [...]. A evangelização sem a ressurreição assemelha-se a um carro sem motor ou um corpo sem alma" (Shedd, 1996, p. 85).
- **Homens posicionados** (plano superior): A ascensão de Cristo é também a nossa ascensão. Estamos, em Cristo, posicionados nas regiões celestiais (Efésios, 1: 3). É isso que significa dizer que "somos mais que vencedores" (Romanos, 8: 37).
- **Homens com visão** (eternidade): Deus colocou o céu dentro de nós antes de nos colocar no Dele. A evangelização oferece esperança, não apenas para esta vida, mas também para o porvir. "A beatitude da esperança cristã nasce da certeza de que a nossa vida presente na carne é só parte da história. Os fracassos que nos fazem tropeçar, e pelos quais tão prontamente nos desculpamos, serão transformados em vitórias quando ele voltar" (Shedd, 1996, p. 26).

A boa-nova de salvação promove mudança de condição: antes "mortos", agora "vivos". Traz mudança de posição: antes destituídos de privilégios, agora favorecidos pela graça de Deus. O pecado separa o homem de Deus, e o sangue de Cristo limpa o homem do pecado e o capacita a se aproximar de Deus.

Em Cristo, a condenação acabou! O homem justificado pelo sangue de Jesus torna-se livre da culpa produzida pelo pecado (ou seja, sua ansiedade de que será condenado no dia do juízo final). Assim, a solução para o círculo vicioso do pecado é a morte de Jesus Cristo na cruz.

1.2 O conteúdo básico da evangelização cristã

Já vimos que evangelizar é proclamar uma pessoa: Jesus Cristo. Vimos também que o pecado colocou a raça humana sob a ira de Deus.

Agora, abordaremos o conteúdo básico da evangelização, que, à luz dos moldes históricos, é um só: a apresentação da pessoa de Jesus de Nazaré, o Messias-Servo sofredor, crucificado e ressuscitado, que requer uma resposta consciente do ser humano para salvação e libertação; uma resposta a um chamado.

Jesus é, em última análise, a verdadeira mensagem. Ele deve ser o conteúdo apresentado em cada ação evangelizadora. Costa (1996, p. 19, grifo do original) diz que "evangelizar significa confrontar os homens com as reivindicações de Cristo, decorrentes do caráter de Deus. Deste modo, a Evangelização deve ser definida dentro de uma perspectiva da sua **mensagem**, não do seu **resultado**".

Para Soares (2003, p. 15),

> *O evangelho não é algo de improviso, pois Deus havia prometido desde "antes dos séculos" (Tt 1, 2). A Bíblia diz que Deus prometeu "pelos seus profetas nas Santas Escrituras" (Rm 1, 2). O Messias foi sendo revelado de maneira sutil e progressiva. Cada profeta apresentou um perfil do Salvador, até que a revelação se consumou na sua vinda.*

Por outro lado, os pressupostos da evangelização – "universalidade do pecado, soberania de Deus, responsabilidade humana, suficiência e eficácia da obra de Cristo, o ministério eficaz do Espírito Santo etc." (Costa, 1996, p. 23) – também contemplam o evangelho como o anúncio da vinda do Reino de Deus entre os homens. Jesus pregou "o evangelho do Reino de Deus" (Marcos, 1: 14). Com efeito, o evangelho e o Reino de Deus consistem na mesma coisa: a presença redentora de Jesus. Nos Evangelhos, o Reino de Deus está indissoluvelmente ligado à pessoa de Jesus. Foi nesse sentido que Orígenes (185-254 d.C.) afirmou que Jesus era a autobasileia, ou seja, o reino em pessoa.

Convém salientarmos que o termo *evangelho*, conforme citado na Bíblia em Marcos, 1: 15, não quer dizer um evangelho escrito, como aqueles encontrados no Novo Testamento (Evangelhos de Mateus, Marcos, Lucas e João), mas, sim, a mensagem total de conversão e salvação que Jesus veio trazer, isto é, a boa-nova. Os quatro Evangelhos, de Mateus, Marcos, Lucas e João, por sua vez, integram o evangelho único e singular. Há um só evangelho, o evangelho de Deus, conforme contemplado na pessoa de Jesus Cristo. "As quatro narrativas dão na realidade uma descrição inspirada do mesmo e único evangelho" (Costa, 1996, p. 14).

Hoje, assim como foi nos tempos dos apóstolos, o Cristo vivo se faz presente no ato da proclamação do evangelho, confrontando o homem, convidando-o a uma conversão espiritual radical e propondo uma maneira inteiramente nova de se viver existencialmente. Mas, como afirma Costa (1996, p. 59),

> olhando a "Evangelização" ensinada e praticada no Novo Testamento, podemos perceber que ela era muito mais abrangente do que hoje normalmente costumamos pensar. O que tem acontecido é que muitas vezes temos esquecido a mensagem; temos corrido tanto, temos falado tanto, temos discutido tanto... que, de repente, descobrimos que a mensagem foi esquecida... temos nos distanciado do seu significado, perdemos a dimensão de sua urgência, relevância e eficácia. Estamos anda usando o verbo "evangelizar", todavia ele já não diz grande coisa, porque as letras "E-V-A-N-G-E-L-H-O" têm nos dias atuais pouco a ver com o significado bíblico desta palavra.

Não há alternativa: a palavra *evangelho* deve ser entendida e proclamada no sentido mais amplo de testemunho e anúncio do mistério da salvação, não só com a finalidade de propagar a fé, mas também como empenho perene em aprofundá-la e revitalizá-la. O conteúdo dessa fé não é dogmático, mas vivencial – "a palavra da fé, que pregamos" (Romanos, 10: 8). A fé é centrada numa pessoa, Jesus Cristo, e não em um conjunto de doutrinas; é prática, e não teórica.

Com efeito, a mensagem evangelística deve ser sempre atual e integrada à realidade social. Haering (1977, p. 14) diz que o

> ponto de partida, em sentido absoluto, é sempre Deus, o Amor que se revela eficazmente como salvação, paz, justiça e reconciliação para os homens. Noutro sentido, talvez não menos concreto, o ponto de partida é a experiência humana: a revelação divina nunca se separa da experiência total do homem.

Para Shedd (1996, p. 9):

> Embora os métodos e os meios evangelísticos possam apresentar diferenças conforme a época e a cultura, a mensagem não pode sofrer alteração. As línguas e os contextos podem apresentar desafios distintos em todo mundo, mas as "boas novas" não deverão prescindir de seu conteúdo básico, onde quer que seja. A evangelização proclama a mensagem imutável de um Deus que não muda.

Uma excelente síntese do conteúdo básico da mensagem da evangelização se encontra na Bíblia, no segundo capítulo de Atos dos Apóstolos, no sermão pregado por Pedro no dia do Pentecostes. Os pontos-chaves dessa pregação resumem bem quais devem ser os tópicos da mensagem cristã:

- Cristo Jesus foi crucificado.
- Cristo Jesus ressuscitou.
- Cristo Jesus ascendeu aos céus.
- Cristo Jesus enviou o Espírito Santo.
- Cristo Jesus foi exaltado como Senhor (Atos dos Apóstolos, 2: 31-35).

Esse esboço simplificado constitui o extrato do Evangelho segundo Jesus Cristo. Também podemos perceber que o assunto central da mensagem consiste na pessoa de Jesus Cristo. Nessa mesma linha, Costa (1996, p. 71-76) esboça as reivindicações da pregação do evangelho:

- arrependimento;
- fé em Jesus Cristo;
- conversão a Deus;
- recebimento do evangelho;

- obediência;
- perseverança;
- vida de modo digno.

Esses tópicos expressam os resultados da proclamação do evangelho e seu acolhimento pelo homem. Shedd (1996, p. 12) diz que a "Evangelização é o plano de Deus por meio do qual a perfeita semelhança de Deus em Jesus Cristo poderá ser implantada no homem caído".

Observemos que, segundo a realidade do evangelho – "poder de Deus para salvação de todo aquele que crê" (Romanos, 1: 16) –, os ouvintes de Pedro "ficaram aflitos em seu coração" (Atos dos Apóstolos, 2: 37). No texto original, em grego, *aflitos* significa "ficaram tocados", "foram picados", "foram arranhados" no coração. A mensagem atingiu o âmago do coração dos ouvintes de Pedro, ao ponto de "compungirem em seu coração" (arrependimento), trecho que se refere a um profundo sentimento de tristeza gerado pela violação das leis divinas, quando a pessoa constrangida se volta para Deus (conversão espiritual) (Atos dos Apóstolos, 2: 37).

As primeiras palavras colocadas na boca de Jesus pelo evangelista Marcos são um programa de vida evangelística: "O tempo está cumprido, e o Reino de Deus está próximo. Arrependei-vos e crede no evangelho" (Marcos, 1: 15). Para Jesus, a tarefa da pregação do evangelho é algo urgente; não há tempo para discutir. O chamado é absoluto e requer uma resposta incondicional de conversão humana.

De fato, o evangelho coloca o homem diante de si mesmo, revelando-lhe suas impossibilidades de salvar-se a si mesmo. Por isso, é uma mensagem sempre atual e, com efeito, novidade para todo aquele que a abraça.

Para González (2011, p. 99):

> Se o evangelho é a mensagem do Deus feito carne de tal modo que, ao ver esse Galileu concreto, vemos Deus eterno, e não podemos separá-los um do outro, isso também quer dizer que não podemos distinguir entre um evangelho eterno e o evangelho histórico, concreto, específico. Em sua cultura galileia do século I de nossa era, Jesus Cristo era e é o evangelho eterno, mas nem por isso ele deixa de ser particular, concreto, de falar em uma língua particular e de refletir uma cultura particular. E isto quer dizer também que não podemos pregar nem ensinar o evangelho à parte de uma cultura.

Deus não exige nada do homem quanto à salvação, exceto a fé em Jesus. Ninguém consegue por si mesmo cumprir essa exigência divina. O pecador não tem de pagar nada relativo à salvação; ela é de graça, por intermédio da fé. Mas essa fé não consiste num simples acreditar com o intelecto. É uma relação de dependência, entrega e submissão ao senhorio de Cristo. Temos de compreender que o pecado não é um conceito, uma ideia, mas um sistema vivo que afeta, adoece e mata indivíduos e sociedades.

A Bíblia, em Atos dos Apóstolos, 2: 36, diz: "Deus O fez Senhor e Cristo". Esse trecho comprova que a pregação apostólica era centralizada em Cristo como **Senhor**, e não apenas como **Salvador**, o que mostra que, para os primeiros cristãos, não havia nenhuma diferença entre receber Cristo como nosso Senhor e como Salvador, pois o senhorio de Cristo estava explícito tanto na pregação como no apelo para a salvação nos primórdios do cristianismo (Atos dos Apóstolos, 2: 21, 36; 16: 31; Romanos, 10: 9-13).

De fato, o evangelho de Jesus é o chamado radical ao senhorio de Cristo que está presente na evangelização. MacArthur (1991, p. 239) diz:

A centralidade do senhorio de Jesus na mensagem evangelística torna-se clara pela maneira como as Escrituras apresentam as condições para a salvação. Os que dicotomizam entre crer em Cristo como Salvador e render-se a Ele como Senhor, encontram dificuldade para explicar muitos dos apelos registrados na Bíblia, tais como Atos 2.21: "E todo aquele que invocar o nome do Senhor será salvo!"; ou Atos 2.36: "Portanto, que todo o Israel fique certo disto: Este Jesus, a quem vocês crucificaram, Deus o fez Senhor e Cristo".

A evangelização deve ser sempre teocêntrica e ordenada pela graça de Deus. Assim, baseia-se nas grandes afirmações bíblicas de que Jesus Cristo é o cabeça do universo e da Igreja, pois o propósito de Deus é que Jesus tenha a primazia em todas as coisas (Colossenses, 1: 18). Além disso, "nele habita corporalmente toda a plenitude da Divindade" (Colossenses, 2: 9) e dele recebemos "a plenitude [vida completa]" (Colossenses, 2: 10). Por fim, "a ordem bíblica de evangelização precisa ser vista no contexto do deleite divino. Assim como o motivo por trás de todas as ações visa aumento de felicidade de Deus, também as suas ações têm por único e exclusivo objetivo promover a sua alegria" (Shedd, 1996, p. 13).

Se a motivação da evangelização é antropocêntrica, deteriora-se a essência do seu conteúdo básico e o processo se torna egocêntrico. Lamentavelmente, em nossos dias, a supremacia de Deus na evangelização tem sido visivelmente negligenciada. A mensagem evangelística precisa reivindicar o princípio do senhorio de Cristo, do contrário:

- está fazendo com que as pessoas se sintam bem, gerando uma falsa segurança, uma fé fácil e traiçoeira;
- não está exigindo das pessoas mudanças morais, abandono do pecado e renúncia solene da impiedade;

- a mensagem da cruz é radicalmente obscurecida;
- a fé dos ouvintes passa a ser baseada em sentimentos e na engenhosidade humana; adicionam-se obras à fé.

Assim, o evangelho é a mensagem que explica o que acontece quando Deus, em Sua eterna misericórdia e graça, salva, por meio da cruz de Cristo, aqueles que se rebelaram contra Ele. Foi na cruz que o Pai lidou com o pecado do homem e removeu a barreira que separava a criação do Criador. Na cruz, a ira de Deus foi lançada sobre Jesus em vez de ser lançada sobre nós. Naquela situação, o pecado foi punido como Deus exige que seja. Segundo González (2004, p. 29, grifo do original),

> Em resumo, desde o começo, o Cristianismo existiu como uma mensagem do Deus que "amou ao mundo de tal maneira" que se tornou parte dele. Cristianismo não é uma doutrina etérea, sobre a natureza de Deus, mas antes é a presença de Deus no mundo, na Pessoa de Jesus. O Cristianismo é a **encarnação**, e, portanto, existe no concerto histórico.

Os quatro primeiros livros do Novo Testamento (Mateus, Marcos, Lucas e João) são chamados de *Evangelhos*, de tal maneira que o Evangelho segundo Marcos começa com a seguinte declaração: "Princípio do evangelho de Jesus Cristo, Filho de Deus" (Marcos, 1: 1). Para Marcos, o evangelho é motivo de honra pelo fato de que a pessoa de Jesus Cristo é o começo e o fundamento do evangelho a ser continuado pelos discípulos. Logo, o evangelho não é definido em decorrência das culturas; são as culturas que assimilam o evangelho, e não o contrário.

Nesse sentido, o testemunho coeso das quatro versões do evangelho de Jesus traduz e declara o completo significado da pessoa de Cristo Jesus. Os quatro textos, que estão consignados no início da coleção dos livros que perfazem o Novo Testamento, inseridos no cânon da Bíblia, foram inscritos como quatro registros de um único evangelho, pois discorrem exclusivamente acerca da pessoa e dos ensinamentos de Jesus Cristo. A razão de ter quatro versões de um mesmo evangelho, retratos distintos de Jesus feito pelos quatro evangelistas, é o simples fato de esses autores terem audiências diferentes, mas uma única mensagem: Jesus Cristo. Daí o motivo das denominações "O Evangelho segundo Mateus", "O Evangelho segundo Marcos", "O Evangelho segundo Lucas" e "O Evangelho segundo João".

Evidentemente, a essência da boa-nova de Jesus não carrega complexidade. A base do evangelho é simples, por se tratar da pessoa do Jesus histórico; ele é o núcleo. Assim, a compreensão simples do evangelho é a base sobre a qual toda a verdade do Novo Testamento se fundamenta, já que o plano de Deus tem como propósito apresentar Jesus Cristo, no evangelho, como a intervenção para a salvação do homem caído.

O evangelho originou-se na mente eterna de Deus, com propósito e graça salvadora. A Bíblia chama de *evangelho* o evangelho de Deus (1 Timóteo, 1: 1) e o trata como uma mensagem que tem procedência divina, que não é produção humana.

> *O evangelho deve ser encontrado na Bíblia. De fato, em certo sentido, a Bíblia inteira é evangelho, do Genesis ao Apocalipse, pois seu propósito dominante é dar testemunho de Cristo, proclamar as boas novas de que ele é doador da vida e Senhor, e persuadir as pessoas a confiarem nele (cf. Jo 5, 39-40; 20,31; 2 Tm 3, 15). A Bíblia relata a história do evangelho de muitas maneiras. O evangelho é como um diamante multifacetado, com diferentes aspectos que atraem diferentes pessoas em diferentes culturas. Ele tem profundidade insondável, e desafia toda tentativa de reduzi-lo a uma formulação restrita. (O evangelho..., 1985, p. 18)*

Por outro lado, o Novo Testamento não faz separação entre evangelho pessoal e evangelho social, pois só há um evangelho! Todas as 76 vezes que o Novo Testamento utiliza o termo *evangelho*, a palavra nunca é exposta no plural. Mesmo com necessidades de comunicação variadas em diferentes situações, o evangelho é único e integral.

Numa abordagem integral, na linguagem de Jesus, as expressões *evangelho* e *Reino de Deus* têm uma ligação intrínseca. Jesus falou sobre as boas-novas como as boas-novas do Reino de Deus, o que indica uma forma diferente de viver – a forma evangélica. Nessa perspectiva, vale a pena prestarmos atenção no *ainda não* e no *já* do Reino de Deus. O **ainda não** implica não vivenciar Deus na sua plenitude, mas ele **já** existe, **já** está entre nós. Deus **já** reina sobre o universo, a terra, a história, os homens e, particularmente, o povo que reconhece seu senhorio (Cavalcanti, 2008).

Pode parecer repetitivo, mas a evangelização, em essência, consiste na proclamação da pessoa de Jesus, a mensagem de esperança de Deus para o pecador e o mundo. "Não há salvação em nenhum outro, pois, debaixo do céu não há nenhum outro nome dado aos homens pelo qual devamos ser salvos" (Bíblia. Atos dos Apóstolos, 2003, 4: 12). Isso significa que não há nada o que o homem possa fazer; Jesus Cristo, em si mesmo, é suficiente para produzir a verdadeira salvação, até no mais duro dos corações humanos.

Como afirma MacArthur (1995, p. 160):

> *Você está descansando e confiando na suficiência de Cristo? Cristo é tudo para você? Se é, agradeça-Lhe por sua plenitude. Se não, talvez você esteja confiando na falha, enganosa e inepta sabedoria humana; em rituais religiosos sem significação; ou em algum tipo de experiência mística criada em sua própria mente e sem relação com a realidade. Talvez você tenha pensado que sua própria autorrenúncia ou sofrimento que*

você impôs a si mesmo de algum modo irá ganhar o favor de Deus. Se esse é o caso, abrace o Cristo ressurreto como seu Senhor e Salvador. Ele lhe dará completa salvação, completo perdão e completa vitória. Tudo que você necessita na dimensão espiritual, no presente e na eternidade, se encontra n'Ele. Arrependa-se de seu pecado e submeta a Ele a sua vida!

Mesmo com necessidades de proclamação variadas em diferentes situações do evangelho, a mensagem central não muda, visto se tratar de algo que é mais que um comunicado, trata-se de uma pessoa. O conteúdo do evangelho é a pessoa de Jesus Cristo. O evangelho está centralizado na pessoa do Cristo ressuscitado, logo, receber o evangelho é receber Jesus Cristo e ser transformado por Ele.

Outra forma de explicar o evangelho de Jesus é pelo viés da história da redenção: o anúncio de algo que Jesus Cristo já realizou por nós. Na Bíblia, tudo o que revela os propósitos salvadores e os atos de Deus consiste nas boas-novas. Nesse ponto, precisamos fazer uma distinção entre a lei e o evangelho. Podemos simplificar a explicação dizendo que, quando se trata de fazer algo, estamos respondendo à lei (obras); quando se trata de acreditar no que Cristo fez por nós, estamos respondendo ao evangelho (fé).

1.3 A evangelização e os desafios do mundo contemporâneo

A sociedade contemporânea, denominada *sociedade da informação*, vem sofrendo rápidas mudanças devido às novas tecnologias de comunicação, as quais afetam os relacionamentos tanto pessoais como interpessoais. Nossa sociedade, orientada pelo fenômeno da globalização e da pós-modernidade, vive um momento histórico complexo. Valores considerados em outras épocas como absolutos e incontestáveis passaram a ser questionados e relativizados; às vezes, simplesmente descartados. Os cristãos são desafiados a repensar criticamente a responsabilidade cristã em relação a todos os processos de comunicação e redefinição dos valores.

Segundo Beraldo (1998, p. 47),

> *a cultura moderna, pluralista, secularizada, materialista, dispersa, cambiante quase na velocidade da luz, só poderá ser evangelizada (inculturada) por meio de um adequado planejamento, o qual exige: 1) articulação dos sujeitos intervenientes: ainda que possua excelente mira, o evangelizador, em nossa cultura pluralista e secularizada, não pode ser um franco-atirador. A articulação, a união dos agentes, das pessoas, é de fundamental importância; 2) coordenação da ação ou das ações dos grupos e das comunidades: a presença organizada de um grupo em torno dos mesmos objetivos com certeza trará maior eficácia aos resultados, sobretudo quando a coordenação for um serviço e não mero exercício da autoridade.*

De fato, vivemos em mundo cada vez mais secularizado, mas também atravessado pelo religioso, isto é, "por uma aspiração religiosa difusa e frágil, que com frequência aparece mais efervescente do que profunda. Justamente por isto instaurou-se um verdadeiro mercado com oferta sedutora dos vários caminhos religiosos, no qual é possível usufruir de uma espécie de 'cardápio das religiões'" (Bianchi, 2015, p. 39). Portanto, na evangelização, é indispensável estar sempre atento a um mundo envolto por uma religiosidade divorciada de Jesus Cristo e seu evangelho. Não devemos nunca nos esquecer das palavras do próprio Jesus: "A obra de Deus é esta: que creiais naquele que ele enviou" (João, 6: 29).

Em seu texto *Globalização: uma visão bíblica e histórica do conceito*, o teólogo Solano Portela Neto (2018) observa:

Globalização é um termo utilizado com muita frequência nos últimos anos. Na compreensão moderna, globalização poderia ser definida como a corrente econômica que defende a utilização máxima dos recursos mundiais (globais), no sentido de permitir o maior lucro possível aos investidores ou produtores. Nesse sentido, um produto, como por exemplo, o automóvel, deixa de ter características locais e passa a ser produzido com o mercado mundial como alvo. Para que seja competitivo, a produção pode ser realizada em partes, em diferentes países do globo, onde a fabricação seja mais barata e mais eficiente.

No conceito moderno de globalização o dinheiro necessário aos países produtores, ou o capital, perde igualmente sua movimentação regional, nacional ou continental. Passa a ser aplicado no país que conceder a maior rentabilidade, sendo este, quase sempre, o que apresenta maiores necessidades e está disposto a pagar mais juros do que os demais. Com essas aplicações de risco, ao primeiro sinal de instabilidade maior, os investimentos são rapidamente retirados e o país no qual estavam aplicados, já em dificuldades, despenca numa recessão ainda mais severa.

Num outro sentido mais amplo, a palavra globalização tem sido utilizada para se referir ao progresso dos meios de comunicação e aos avanços na área de transportes, aproximando as pessoas em escala mundial. Em todas essas utilizações está implícito o esforço humano, no sentido de abranger o globo terrestre com suas ações e esforços, muitas vezes sem medir as consequências para os demais. No passado a globalização das atividades humanas caracterizou os grandes impérios, construídos pela força e pelas conquistas. Hoje em dia, caracteriza a política de várias nações e o meio de operação de várias empresas ou corporações.

[...] [A] Bíblia tem bastante a dizer sobre globalização. Sobre os males da globalização econômica, ela aponta a ganância e o materialismo como motivações pecaminosas, dignas da condenação de Deus. Sobre a

globalização, no seu sentido mais amplo, a Bíblia apresenta uma visão da criação e da redenção que explica os anseios e empreendimentos humanos em globalizar suas ações. Sobre o nosso papel e o papel da Igreja, em um mundo globalizado, ela é precisa ao traçar os nossos caminhos e destinos.

Obviamente que a organização é chave para o sucesso de qualquer empreendimento, mas o êxito da evangelização vai depender, em grande parte, de se superar o pluralismo e secularismo operantes. No enfrentamento desses desafios, além de determinação e confiança, é indispensável a reciclagem dos métodos e das estratégias de evangelização. A única coisa inegociável é o conteúdo da mensagem, ou seja, a evangelização precisa ser sempre integral! A evangelização comprometida fielmente com todas as demandas de Jesus Cristo considera o espectro completo de requisitos éticos que são inerentes a Sua vida e mensagem.

A sociedade contemporânea – em sua organização étnica, raças, povos, nações, instituições – tem se pautado em suas crenças e, consequentemente, formulado sua conduta de vida, deixando Deus fora do contexto de vida das pessoas, as quais vivem voltadas para si mesmas, como se Deus não existisse. A cidade, por exemplo, segundo Comblin (2000, p. 13),

> *vive e novidade: precisa mudar sempre. Está sempre em obras. Os grandes prefeitos são os que enchem a cidade de obras. Os cidadãos odeiam a repetição das mesmas coisas: mesmos espetáculos, mesmas festas, mesmas cerimônias. Querem novidade, novas figuras, novos artistas. Querem sempre coisa melhor. Uma objeção que alguns jovens fazem é a seguinte: a Igreja é muito parada. Para eles só isto já basta para desqualificar uma instituição. É preciso oferecer coisas novas.*

No padrão de vida da sociedade contemporânea, a verdade absoluta e a realidade espiritual, inclusive a identidade individual, foram se desfigurando pela articulação do humanismo vigente no pós-modernismo como produtos de uma sociedade secularizada, na qual o cidadão comum é profundamente influenciado por televisão, filmes, jornais, revistas, escolas etc. A evangelização anuncia a vida plena no Reino de Deus e aponta em direção à cidade futura (Hebreus, 13: 10), a uma só pátria, a celeste (Filipenses, 3: 20), mantendo sempre ativa a memória escatológica e as realidades últimas do Reino de Deus. Segundo Bianchi (2015, p. 43),

> *sem esse horizonte, de fato, a morte e o além se tornam assuntos temíveis que somos tentados a remover ou sobre os quais não se sabe o que dizer. E mesmo assim as perguntas sobre a morte, sobre o juízo universal que atingirá o homem no além, sobre a possibilidade de outra vida são inevitáveis: existe uma certeza na consciência de cada homem, a morte, e ela é vivida por todos sob forma de interrogação, se não de angústias, apesar de toda estratégia para atenuar, esconder e remover essa inquietação.*

O homem pós-moderno, inserido num sistema social relativista, jamais terá iniciativa, por si mesmo, para andar nos caminhos de Deus. Consideramos *relativismo* "Qualquer visão que afirme que um conceito, um significado ou uma verdade é dependente de uma situação ou de um objeto em particular" (Erickson, 2011, p. 169). Quando percebemos um comportamento certo, esse certo é parcial; quando é do seu interesse, até evoca-se a Escritura Sagrada, contudo, jamais para glorificar a Deus. Mas essa rebeldia humana contra Deus e seus princípios não é de hoje; ocorre desde os primórdios da criação do homem. Mudam os autores, porém o enredo é sempre o mesmo. A diferença em nossos dias é que há alguns toques sutis da pós-modernidade.

De fato, a cultura ocidental está mergulhada no relativismo moral; acredita-se até não existir mais norma moral ou ética válida para todas as pessoas. Defende-se que as normas variam de cultura para cultura – *cultura*, para Erickson (2011, p. 50), é o "Padrão total do comportamento humano e seus produtos; os modos de viver e pensar de uma sociedade" –, de pessoa para pessoa e que não há verdades ou valores que sirvam para todas as pessoas em todos os lugares. Como declara White (2010, p. 27), "a moral é ditada por uma situação particular à luz de uma cultura específica ou posição social. Os valores morais são questões de opinião pessoal ou julgamento individual, e não algo fundamentado na verdade objetiva". No contraponto, o evangelizador jamais deve negligenciar que o imperativo da evangelização ordenada pelo Cristo ressuscitado é, em última análise, o anúncio da remissão dos pecados, já que o plano redentor de Deus implica "dar ao seu povo conhecimento da salvação, na remissão dos seus pecados, pelas entranhas da misericórdia do nosso Deus" (Lucas, 1: 77-78).

Na prática, o cristianismo está sendo questionado pelos movimentos alternativos e pela pergunta ecológica desencadeada pela ameaça apocalíptica que passa sobre o planeta. Como resultado, há uma sociedade centrada no homem, que se faz seu próprio deus (2 Coríntios, 4: 4), capaz de impor a sua própria vontade como se essa fosse completa e suficiente para a realização humana, esquecendo que o ser humano é apenas criatura! O resultado é um exacerbado individualismo autônomo, com uma filosofia de vida segundo a qual cada pessoa procura ser independente quanto ao seu destino e a sua responsabilidade. Isso leva ao antropocentrismo, cujos ideólogos e promotores tentam invalidar, portanto, a ideia de transcendência de Deus, colocando paulatinamente em dúvida os desígnios divinos. *Transcendência de Deus*, por sua vez, diz respeito à "diversidade ou distanciamento de Deus de sua criação e da raça humana" (Erickson, 2011, p. 199).

Todavia, não podemos negar que a pluralidade de culturas hoje constitui grande desafio à evangelização e à compreensão dos dados da revelação divina. Outro desafio, para dar consistência e solidez ao compromisso com a justiça do Reino, são as constantes transformações culturais acompanhadas pelos avanços tecnológicos. Brighenti (2006, p. 33) afirma que

> no campo da missão evangelizadora, não há destinatários, mas interlocutores, como no ato da revelação de Deus. Para que haja revelação, não basta que Deus se manifeste; é preciso que o ser humano responda, acolhendo-a. O ponto de partida de uma missão na ótica dialógica do evangelho é o outro, pois, enquanto comunicação, ela só começa quando o outro responde.

No entanto, o projeto do evangelho, nas palavras de Brakemeier (2014, p. 25),

> é a resposta para o dilema do mundo contemporâneo. Daí porque se deve concluir ser o evangelho sinônimo de um "projeto de paz", promovido por Deus em favor de um mundo mortalmente ameaçado por conflitos, observado nas cidades – especialmente as grandes metrópoles –, que ocupam a maior parte das informações midiáticas, com os dramas da criminalidade, poluição, problemas de transporte, tráfico de drogas, armas e todo tipo de contrabando, estresse, cansaço, nervosismo, e assim por diante.

A evangelização requer uma adesão pessoal por Jesus Cristo. Além da salvação pessoal, o evangelho de Jesus produz verdadeira mudança na sociedade; os indivíduos descobrem seu valor e sua dignidade como pessoa, como ser humano, como criação de Deus. Conforme Santos (1993, p. 16), "uma evangelização que não leva em consideração esta realidade do homem está fadada ao fracasso; não pode ser considerada como evangelização, mas apenas um ensaio evangelizador, uma maquiagem, isto é, uma evangelização apenas superficial, sem profundidade, que não questiona o homem".

Se considerarmos que o evangelizador está envolvido num contexto multicultural, marcado por antíteses em relação aos valores do Reino de Deus e com um profundo distanciamento da Palavra de Deus, é preciso que ele tenha um imprescindível discernimento para que a evangelização seja eficaz e profunda. Como isso se processa?

Em primeiro lugar, devemos descobrir perguntas da cultura e das pessoas que nem sempre estão explícitas e dar respostas contextualizadas, com a mensagem de redenção proclamada por Jesus. Depois, precisamos ter uma consciência clara acerca da realidade do mundo globalizado de hoje e do futuro para refazer o tecido social com os valores do evangelho. Por fim, devemos dar nosso testemunho pessoal acerca do evangelho de forma viva e dinâmica; a mensagem deve estar encarnada no agente evangelizador.

Nessa perspectiva, Boff (1991, p. 50-51) indica que o processo de evangelização à maneira de Jesus requer discernimento de cinco paradigmas fundamentais:

- **Paradigma da encarnação**: A cultura permite ao evangelho encarnar-se em suas matrizes. Trata-se de um processo de assunção.
- **Paradigma da trindade**: A relacionalidade fundamental de todas as culturas. A comunhão e a reciprocidade das pessoas fazem com que elas sejam um Deus Uno-Trino. Essa mesma estrutura de relacionalidade deve vigorar entre as culturas.
- **Paradigma da redenção**: A encarnação e a relacionalidade confrontam as culturas umas com as outras também em suas distorções e patologias. A redenção feita no diálogo e no

confronto intercultural significa a necessária consciência da imperfeição, equívocos e erros existentes nas culturas.

- **Paradigma da ressurreição**: O princípio da ressurreição postula a plena realização e o sentido transistórico da existência humana.
- **Paradigma do reino**: As culturas participam da destinação feliz da humanidade, na qual Deus será tudo em todas as coisas.

Com efeito, a verdadeira evangelização está sempre comprometida com a integralidade do evangelho e da vida humana, agregando o espiritual e o físico. É a salvação da alma humana, sem negligenciar a atenção relativa a outros aspectos do homem, como pobreza, fome e injustiça. Contudo, devemos cuidar para que o cristianismo não se reduza à mera filantropia.

Eu não conheço qualquer outra declaração de nossa dupla responsabilidade cristã, social e evangelística, melhor do que aquela feita pelo Dr. W.A. Visser: "Eu creio", disse ele, "que com respeito à grande tensão entre a interpretação vertical do Evangelho como essencialmente preocupada com o ato da salvação de Deus na vida dos indivíduos e a interpretação horizontal disto, como principalmente com as relações humanas no mundo, devo fugir daquele movimento oscilatório mais do que primitivo de ir de um extremo para outro. Um cristianismo que tem perdido sua dimensão vertical tem perdido seu sal e é, não somente insípido em si mesmo, mas sem qualquer valor para o mundo. Mas um cristianismo que usaria a preocupação vertical como um meio para escapar de sua responsabilidade pela vida comum do homem é uma negação do amor de Deus pelo mundo, manifestado em Cristo. Deve tornar-se claro que membros de igreja que de fato negam suas responsabilidades com o necessitado em qualquer parte do mundo são tão culpados de heresias quanto todos os que negam este ou aquele artigo de Fé". (Stott, 1997, p. 45)

A evangelização precisa sempre evitar os extremos. Por um lado, não é lícito restringir o evangelho apenas às questões de ordem espiritual, negligenciando a realidade concreta da vida humana no mundo. Por outro lado, não devemos enfatizar apenas o chamado *evangelho social*, exacerbando a preocupação com as injustiças, a pobreza e o desnivelamento social, minimizando as necessidades espirituais do homem. Enfim, não nos devemos "calar" acerca de questões últimas.

Na prática, a evangelização deve preceder a uma compreensão de que o evangelho não pode ser reduzido a uma mera cosmovisão, expressa num modo de vida ou num programa de transformação social, pois a verdadeira evangelização que proclama o evangelho vivo deve confrontar as injustiças e toda forma de opressão, mas, acima de tudo, o pecado como sistema. "O pecado é a maior tragédia na história da humanidade. O pecado rompeu o relacionamento do homem com Deus, com o próximo, consigo e com a natureza" (Lopes, 2008, p. 137).

Isso implica falar a verdade acerca da salvação com empatia e assertividade! Evangelizar é um ato de amor, um gesto de maior ternura pelos perdidos. Todos são chamados à missão, a proclamar e testemunhar o evangelho e a comunicar a boa-nova à semelhança de Jesus. Praticar a missão à maneira de Jesus Cristo significa abarcar todas as esferas da vida.

> *Em nosso desejo de comunicar o evangelho com eficiência, estamos sempre cientes daqueles seus elementos que desagradam às pessoas. Por exemplo, a cruz tem sido tanto uma ofensa aos arrogantes como uma loucura para os sábios. Mas Paulo nem por isso a eliminou de sua mensagem. Pelo contrário, ele continuou a proclamá-la com fidelidade, correndo o risco de perseguição, confiante que Cristo crucificado é a*

sabedoria e o poder de Deus. Nós também, embora preocupados em contextualizar nossa mensagem, removendo dela toda ofensa desnecessária, precisamos resistir à tentação de acomodá-la ao orgulho e preconceito humanos. Ela nos foi dada. Nossa responsabilidade não é retocá-la, mas proclamá-la. (O evangelho..., 1985, p. 19)

Quando o evangelho é anunciado e aceito na íntegra, traz em si mesmo poder suficiente para transformar, primeiramente, o indivíduo e, consequentemente, a sociedade na qual está inserido.

Se quisermos restaurar o nosso mundo, em primeiro lugar devemos nos libertar da noção confortável de que o cristianismo é uma mera experiência pessoal, que se aplica somente à vida provada de alguém. "Nenhum homem é uma ilha", escreveu o poeta cristão John Donde. Mas um dos grandes mitos de nossos dias é o de que nós somos ilhas – que as nossas decisões são pessoais e que ninguém tem direito de nos dizer o que fazer nas nossas vidas particulares. Nós nos esquecemos facilmente de que cada decisão particular constitui para o ambiente moral e cultural em que vivemos [...]. Os cristãos são salvos não apenas de alguma coisa (o pecado), mas também para alguma coisa (a soberania de Cristo sobre toda a vida). A vida cristã começa com a restauração espiritual, que Deus opera pela pregação da Sua Palavra, da oração, da adoração e do exercício dos dons espirituais em uma igreja local. Este é apenas o começo indispensável, pois somente a pessoa redimida pode ser cheia do Espírito de Deus e pode verdadeiramente conhecer e realizar o plano de Deus. Mas então devemos proceder à restauração de toda a criação de Deus, o que inclui as virtudes privadas e públicas; a vida pessoal e familiar; a educação e a comunidade; o trabalho, a política e a lei; a ciência e a medicina; a literatura, a arte e a música. Este objetivo redentor permeia tudo o que fizermos, porque não existe uma linha divisória invisível entre o que é sagrado e o que é secular. Devemos trazer" todas

as coisas" sob a soberania de Cristo. Em casa, na escola, na palestra e na reunião de trabalho, no conselho municipal e na câmara legislativa.
(Colson; Pearcey, 2006, p. 36-37, 39-40)

Enfim, a proposta do evangelho é para todos os domínios da vida (Lima, 2010b), pois o senhorio de Cristo vai além da esfera da vida privada. É um desafio também às estruturas sociais do mundo e suas instituições econômicas e políticas (Efésios, 3: 9-10). O evangelizado precisa manifestar diligência e adotar atitude de bravura para consigo mesmo! Para tal, são necessários:

- **Resolução da vontade**: Não importa o que venha a acontecer, o evangelizando está decidido a possuir o reino dos céus. Essa convicção surge do poder de Cristo, e não da engenhosidade humana.
- **Vigor de desejos**: A energia de uma alma faminta por Deus estimula e impulsiona, com "violência santa", a pessoa em direção à conquista do Reino de Deus.
- **Intensidade de esforços**: É óbvio que necessitamos da ajuda de Deus, mas também exercemos as nossas forças para tomar posse do reino (Filipenses, 3: 13-14).

A essência do reino é a prática da vontade de Deus, conforme as diretrizes das Escrituras Sagradas. Para fazermos parte desse reino, devemos "nascer de novo" (João, 3: 3). Para mantermos o compromisso com o Reino de Deus, precisamos demonstrar, na prática, uma atitude de resolução da vontade em relação a si mesmo (ego), ao mundo corrupto, às astutas ciladas do diabo e ao próprio céu (vida eterna).

Síntese

Neste capítulo, vimos que o evangelho precisa ser contextualizado para comunicar com excelência a mensagem de salvação em Jesus Cristo a todas as pessoas e em todo o mundo, isto é, o evangelho deve ser apresentado na forma que seja característica da cultura para a qual é levado. O desafio, portanto, é encontrar a maneira adequada em cada cultura, que conserve a essência da mensagem bíblica. Obviamente, os tempos são outros e precisamos adaptar a metodologia com a integração da mensagem à realidade contemporânea, ou seja, com a atualização da metodologia, e não do conteúdo! Convém salientar que, em seu tempo, Jesus Cristo era muito mais do que um mensageiro do evangelho; era a boa-nova.

Ao que nos parece, a evangelização precisa ser inculturada. "A inculturação trata-se de evangelizar não só a pessoa, mas a cultura em toda a sua complexidade" (Beraldo, 1998, p. 19). Assim, os valores do evangelho são inseridos na cultura, nos sistemas, nas estruturas e nos ambientes sociais, ou seja, a inculturação do evangelho é o processo para influenciar e transformar as pessoas e as culturas no sentido pleno e amplo. Em busca dessa conversão integral, o evangelizador, em seu esforço evangelístico, precisa estar consciente de que o anúncio do evangelho requer sintonia e diálogo com a realidade ao redor. Hoje, por exemplo, as mídias são instrumentos poderosos para transmitir fatos, opiniões e atitudes, levando as pessoas a tomarem decisões e fazerem opções.

Atividades de autoavaliação

1. Nos itens a seguir, marque V para as alternativas verdadeiras e F para as falsas:
   ( ) A palavra grega euangelion quer dizer literalmente "boa-nova" (ou "boa notícia").
   ( ) A palavra grega *euangelion* significa "salvação em Cristo".
   ( ) A evangelização tem por objetivo central a salvação dos homens.
   ( ) A evangelização visa exclusivamente cuidar de necessidades físicas.
   ( ) A evangelização deve dar prioridade aos pobres e não tem papel decisivo na sociedade.

2. Nos itens a seguir, marque V para as alternativas verdadeiras e F para as falsas:
   ( ) A apresentação do evangelho, na prática evangelística, tem pelo menos três aspectos básicos: sua natureza (proclamar o evangelho); seu propósito (dar ao homem e/ou a grupos a oportunidade de receber Jesus); sua meta (persuadir aos homens a se tornarem discípulos de Jesus, para serem seguidores-aprendizes do evangelho).
   ( ) Os versículos de 4 a 10 do Capítulo 2 de Efésios traçam o retrato da condição do homem salvo em Cristo.
   ( ) Os versículos de 4 a 10 do Capítulo 2 de Efésios traçam o retrato da condição do homem perdido sem Cristo.
   ( ) A passagem de Efésios, 2: 1-3, traça o retrato da condição humana universal (sem Cristo), o que implica o diagnóstico bíblico da humanidade caída.
   ( ) O evangelho não é suficiente para salvar o homem do pecado; sempre é necessário algo mais.

3. Nos itens a seguir, marque V para as alternativas verdadeiras e F para as falsas:

( ) O conteúdo básico da evangelização implica a apresentação de uma proposta de combate ao consumismo, uma forma exagerada de materialismo que produziu um impacto forte e negativo nas áreas da ecologia, justiça e espiritualidade.

( ) O conteúdo básico da evangelização implica a apresentação da pessoa de Jesus de Nazaré, o Messias-Servo sofredor, crucificado e ressuscitado, que requer uma resposta consciente do ser humano para salvação e libertação; é uma resposta a um chamado.

( ) As primeiras palavras colocadas na boca de Jesus pelo evangelista Marcos são um programa de vida evangelística: "O tempo está cumprido, e o Reino de Deus está próximo. Arrependei-vos e crede no evangelho" (Marcos, 1: 15).

( ) O testemunho coeso das quatro versões do evangelho de Jesus (Mateus, Marcos, Lucas e João) traduz e declara o completo significado da pessoa de Cristo Jesus.

( ) O ponto de partida para a salvação não é entender o evangelho de Cristo, mas a lei de Moisés.

4. Nos itens a seguir, marque V para as alternativas verdadeiras e F para as falsas:

( ) A sociedade contemporânea, na qual a verdade absoluta e a realidade espiritual, inclusive a identidade individual, foram se desfigurando pela articulação do humanismo vigente no pós-modernismo, não representa nenhum obstáculo à evangelização.

( ) Na prática, o cristianismo está sendo questionado pelos movimentos alternativos e pela pergunta ecológica desencadeada pela ameaça apocalíptica que passa sobre o planeta.

( ) O homem pós-moderno, inserido num sistema social relativista, jamais terá iniciativa, por si mesmo, para andar nos caminhos de Deus.

( ) O "projeto do evangelho" – nas palavras de Brakemeier (2014, p. 25) – é a resposta para o dilema do mundo contemporâneo.

( ) O propósito do evangelho é, entre outros, a formação do pensamento cristão, alinhado com a verdade absoluta de Deus.

5. Nos itens a seguir, marque V para as alternativas verdadeiras e F para as falsas:

( ) Com efeito, a verdadeira evangelização está sempre comprometida com a integralidade do evangelho e da vida humana, abrangendo tanto o aspecto espiritual como o físico.

( ) A verdadeira evangelização preocupa-se apenas com as questões de ordem espiritual do homem.

( ) A verdadeira evangelização é aquela que se preocupa apenas com as necessidades físicas do homem.

( ) Quando o evangelho é anunciado e aceito na íntegra, traz em si mesmo poder suficiente para transformar, primeiramente, o indivíduo e, consequentemente, a sociedade na qual está inserido.

( ) A evangelização deve ser inculturada, ou seja, os valores do evangelho devem ser inseridos na cultura: nos sistemas, nas estruturas e nos ambientes sociais.

Atividades de aprendizagem

Questões para reflexão

1. Segundo Costa (1996, p. 12), o conceito *evangelizar* é empregado no Velho Testamento de três formas especiais, antecipando, de certo modo, o sentido adotado no Novo Testamento. Quais seriam essas formas?

2. Na Bíblia, o Capítulo 2 de Efésios, versículos de 1 a 3, traça o retrato da condição da humanidade caída (sem Cristo). Quais são os quatro aspectos desse diagnóstico?

3. Uma excelente síntese do conteúdo básico da mensagem da evangelização se encontra na Bíblia, no capítulo 2 de Atos dos Apóstolos, no sermão pregado por Pedro no dia do Pentecostes. Quais são os pontos-chaves dessa pregação?

4. Cite alguns dos desafios da evangelização no mundo contemporâneo.

Atividade aplicada: prática

1. Promova uma reunião com um determinado grupo na sua igreja para conversar sobre evangelização e estabeleça um plano de ação para uma atividade evangelística. O plano deve conter data, atividades e objetivos. Faça um relatório final.

capítulo dois

Fundamento da conversão bíblica

02

"A conversão é a junção executada do arrependimento (mudança de mente e de coração) e da fé, uma confiança sem reservas, depositada unicamente em Deus e nas Suas promessas". (Costa, 1996, p. 75)

O evangelho tem um convite imperativo, um poder todo próprio. A proclamação do evangelho exige uma resposta objetiva: conversão! A Bíblia afirma que é pelo evangelho que somos salvos (1 Coríntios, 15: 1-2)[1]. Assim, os evangelizadores, em sua proclamação, precisam deixar absolutamente claros os seus objetivos, e o principal deles é a conversão do coração humano (do pecado

---

[1] Todas as passagens bíblicas indicadas neste capítulo são citações de Bíblia (2009), exceto quando houver outra indicação.

para Deus), um processo dinâmico e contínuo de renúncia das obras de Satanás e da libertação de todos os ressentimentos e rancores.

A conversão pessoal a Cristo (ao cristianismo) repõe o homem na trilha certa de uma nova vida, caracterizada pelo perdão dos pecados e pelo crescimento espiritual até a maturidade. Segundo Bonino (1985, p. 135), "A conversão, pois, olha para trás, para uma humanidade real ainda que impotente, e para frente, para uma maturidade humana ainda imperfeita, mas cada vez mais plena (até que se lhe conceda, nesta vida ou na vindoura, uma perfeição total, a realidade completa do amor)".

A questão, no entanto, é como processar evangelização num mundo que, em última análise, está dominado pelo pecado e em rebeldia contra Deus. Não há outro caminho senão a radicalidade do evangelho que Jesus anunciou: "O tempo está cumprido, e o Reino de Deus está próximo. Arrependei-vos e crede no evangelho" (Marcos, 1: 15). A expressão *arrependei-vos* chama à consciência, mas não se trata de um mero sentimento subjetivo. O arrependimento genuíno verifica-se no consciente tanto em sua dimensão religiosa como ética. E em ambas há novidade e continuidade.

O evangelho é um convite à conversão, necessária e sobrenatural. A Bíblia preconiza a necessidade dessa conversão. Não há outro caminho para alguém se tornar cristão. Lopes (2008, p. 156) diz que "a evangelização é uma obra não apenas imperativa, mas também intransferível [...] é uma tarefa exclusiva da Igreja de Deus. Somente aqueles que foram alcançados pelo evangelho podem anunciar o evangelho".

Nessa perspectiva, Brighenti (2006, p. 39) declara que

a ação de Deus jamais se impõe, mas se propõe. A toda evangelização explícita precede necessariamente uma evangelização implícita. A primeira forma de falar de Deus é falar dele sem falar. Antes de falar sobre conteúdos, cabe ao mensageiro ser mensagem, pois, na obra da evangelização, o método também é mensagem. Uma pessoa evangelizada é sempre resultado da cumplicidade de duas liberdades: da liberdade de Deus em comunicar-se e oferecer o dom da salvação, e da liberdade humana em responder à proposta de Deus.

2.1 O sentido bíblico da palavra *conversão*

O sentido bíblico da palavra *conversão* (do grego *metanoein*) significa "voltar-se para", nesse caso, "orientar-se", "aderir". Segundo Brown (1975, p. 1357), "A preposição *meta* usada com os verbos de movimento e atividade mental indicam uma mudança no significado do verbo simples".

Logo, a conversão é um passo essencial para o acolhimento do evangelho (Lucas, 13: 3, 5; Atos dos Apóstolos, 2: 38). No entanto, assentimento mental não significa necessariamente fé para salvação em Cristo Jesus. Shedd (1996, p. 114) ressalta que, "além de 1) entender o evangelho; 2) reconhecer a culpa pessoal; 3) submeter-se humildemente a mão poderosa de Deus e 4) arrepender-se do pecado, o pecador deve 5) crer no Senhor Jesus Cristo".

O termo hebraico que corresponde à conversão é *shub*, que significa "voltar", "retornar", "regressar". De modo geral, tanto no grego como no hebraico, o termo tem um sentido espiritual e teológico que indica mais um caminho a ser refeito, um redirecionamento de atitude, do que simplesmente uma reparação de um erro em si.

Para Witherup (1996, p. 31),

> Os estudiosos concordam sobre o significado básico de *metanoia* e *metanoeo* quando usados no contexto de conversões. Como no Antigo

Testamento, o significado principal tem a ver com a volta para Deus, mudança real na vida da pessoa. Toda vez que é usada a forma nominal da palavra é sempre no singular, não no plural. Este uso enfatiza a conversão como um processo e não uma ação realizada uma vez por todas. A forma verbal é frequentemente encontrada em contextos imperativos, exemplificando a exortação à conversão.

Assim, a conversão bíblica é sinônimo de regeneração como resultado do poder capacitador da graça de Deus, que acontece em meio a nossa realidade histórica e deve abranger a totalidade da nossa vida. A Bíblia explica a conversão pela analogia do **nascer de novo** (João, 3: 3).

Enfim, a conversão a Cristo seria uma mudança de comportamento ou simplesmente uma mudança nas crenças? De acordo com Beraldo (1998, p. 25):

> A conversão é um processo de desmascaramento pessoal e não só uma atitude de arrependimento passageiro, parecendo mais remorso e autoflagelação que a certeza da misericórdia de Deus que destrói nossas máscaras – pecados e omissões – ou de reiterada mas rotineira frequência aos sacramentos. Não é suficiente apontar os defeitos e pecados dos outros, nem dos governos, dos políticos ou da Igreja; cada um tem de descobrir, em si mesmo, aquilo que "sai de seu coração" – "o que sai do homem, isso é o que mancha o homem" (cf. Mc 7,18-23) – e ir arrancando suas próprias máscaras.

A passagem da Bíblia de Romanos, 6: 16, descreve a conversão como "obediência para a justiça", com o entendimento de que a fé salvadora em Jesus gera obediência às diretrizes divinas e produz bons frutos. Por isso, aqueles que creem são chamados de *filhos da obediência* (1 Pedro, 1: 14). Portanto,

> *o padrão geral da evangelização apresentado pelo Novo Testamento mostra um descrente atraído pela mensagem do evangelho e pelo estilo de vida dos cristãos. Assim, o descrente chega a compreender a estupenda oferta divina de salvação. Uma vez persuadido pelo evangelho (cf. At 17,3; 2Co 5.11), ele decide dar um basta a sua vida pecaminosa e a religião; confessa publicamente os seus pecados e recebe o batismo em sinal de confiança interior em Cristo.* (Shedd, 1996, p. 117-118)

A conversão contempla as seguintes fases sucessivas:

- **reconhecimento do pecado** por meio do Espírito Santo, pois somente ele pode nos "convencer" a voltar para Deus;
- **arrependimento**, que trata de uma dor no coração (contrição, não remorso) e aversão ao pecado;
- **confissão**, renunciando explicitamente a Satanás e a todas as suas obras.

A Bíblia declara: "Assim que, se alguém está em Cristo, nova criatura é: as coisas velhas já passaram; eis que tudo se fez novo" (2 Coríntios, 5: 17). Portanto, a evangelização visa à mudança no interior dos homens e da sociedade, instalando uma nova ordem na justiça, misericórdia, paz e comunhão entre as pessoas. A rigor, a conversão verdadeira implica experimentar uma mudança na cosmovisão – o que está por trás tanto do comportamento quanto das crenças. Do contrário, o "convertido" pode apenas manifestar aspectos do fenômeno religioso e psicológico. Para Beraldo (1998, p. 26),

> *A conversão será integral quando atingir as dimensões fundamentais do ser humano: o coração (sentimento), o entendimento (inteligência), o espírito (princípio vital) e as forças (corpo). Compreende-se melhor essa abrangência da conversão, ao levarem-se em conta as características da cultura pós-moderna.*

A Bíblia diz que Deus, em sua grande misericórdia, nos gerou de novo para uma vida de esperança (1 Pedro, 1: 3). Esse é o ponto de partida da grande mudança!

Entre as mudanças operadas na conversão, podemos listar quatro, que são básicas:

1. mudança de condição de culpado diante de Deus para a de inocentado (**justificação**);
2. mudança de coração, deixando de estar "morto" no pecado para tornar-se, pela fé, vivo em Cristo (**regeneração**);
3. mudança no relacionamento, deixando de ser rejeitado e inimigo para ser filho e amigo de Deus (**reconciliação**);
4. início da jornada do discipulado, no contexto comunitário e na direção do Espírito Santo (**santificação**). (A mudança..., 2015)

Despertado pelo evangelho, o homem segue para o reconhecimento do pecado e o acolhimento de Jesus, como Senhor e Salvador pessoal, para obter o perdão dos seus pecados e o chamado ao discipulado. O chamado é para mudanças específicas e para a renúncia das evidências da dominação do pecado e de Satanás. Para Andrade (1998, p. 97),

> a conversão é o lado objetivo e externo do novo nascimento. Por intermédio dela, o pecador arrependido mostra ao mundo a obra que Cristo operou em seu interior: a regeneração. Em suma: o novo nascimento tem dois lados: um subjetivo e outro objetivo. O subjetivo é conhecido como regeneração; somente Deus pode aferi-lo. E o objetivo, conforme já dissemos, é a conversão: pode ser constado por todos.

Convém ressaltarmos que a evangelização não pode omitir a ênfase na responsabilidade no pecado social, a qual gera justiça social. Não deve ficar presa apenas ao campo espiritual; não pode ser incompleta. "Uma das maiores evidências da verdadeira conversão não é a perfeição isenta de pecado, como supõem alguns, mas a sensibilidade e transparência diante de Deus quanto ao pecado e sua confissão aberta" (Washer, 2014, p. 24). Desse modo, a evangelização precisa ser integral, para uma humanidade verdadeiramente plena. De acordo com Bianchi (2015, p. 32), "existe, então, um fundamento para a evangelização, e é comunicar Jesus como verdadeiro homem, porque a sua forma de vida é 'Boa Nova', caminho de autêntica humanização para todos os homens".

Na evangelização, a mudança de dentro para fora começa com o novo nascimento e continua enquanto crescemos em maturidade cristã. Assim, o processo da conversão sintetizado por Moser (1976, p. 132-134) deve ser considerado numa tríplice dimensão:

- **"Reencontro" com Deus**: A conversão como adesão ao Reino de Deus, ou adesão à vontade de Deus (plano da salvação em relação ao mundo), em seu filho Jesus. Moser (1976, p. 134) afirma que "a conversão é um dom, mas pressupõe uma aceitação do dom. Finalmente, devemos observar que justamente por ser um dom divino a conversão é em si não só total, como também definitiva. Mas por ser uma experiência humana ela se transforma num processo contínuo".
- **"Reencontro" consigo mesmo**: Pelo pecado, o homem se desintegra e se sente dividido, fragmentado. A conversão espiritual o faz sentir-se e viver em harmonia com o Criador e consigo mesmo, em seu modo de ser. É o reencontro com sua identidade fundamental. "E disse: Em verdade vos digo que, se não vos converterdes e não vos fizerdes como crianças, de modo algum entrareis no Reino dos Céus" (Mateus, 18: 3).
- **"Reencontro" com o próximo e com o mundo**: O pecado não gerou apenas ruptura com Deus e consigo mesmo, mas também

com o outro. Portanto, a conversão que gera transformação no coração do homem resulta em harmonia com Deus, consigo mesmo e com o próximo. É olhar o outro com os olhos de Deus.

2.1.1 Referências do Antigo Testamento sobre conversão

Para aprofundarmos a abordagem sobre o conceito bíblico de conversão, vejamos algumas referências específicas do Antigo Testamento, começando pelo profeta Joel:

> Ainda assim, agora mesmo diz o SENHOR: Convertei-vos a mim de todo o vosso coração; e isso com jejuns, e com choro, e com pranto. E rasgai o vosso coração, e não as vossas vestes, e convertei-vos ao SENHOR vosso Deus; porque ele é misericordioso, e compassivo, e tardio em irar-se, e grande em benignidade, e se arrepende do mal. (Joel, 2: 12-13)

A pregação do profeta Joel alega que o povo deve reconhecer sua necessidade de salvação, arrepender-se do seu mau caminho, redirecionar-se para Deus com um coração inteiramente confiante na sua misericórdia, compaixão e perdão. "Portanto, ser evangelizado é mais do que uma atitude passiva de ouvir; é, sobretudo, uma atitude ativa em que se tomam decisões e se dão passos na fé, acreditando na proposta de transformação de Jesus" (Santos, 1993, p. 38).

Nesse ponto, o testemunho pessoal de Davi é importante. Diante da angústia do pecado, ele demonstra uma atitude de reconhecimento deste, de arrependimento e confissão. Isso significa que o reconhecimento e o abandono do pecado não consistem num fim em si mesmo, mas num meio para um fim maior: voltar-se para Deus.

> Porque eu conheço as minhas transgressões, e o meu pecado está sempre diante de mim. Contra ti, contra ti somente pequei, e fiz o que a teus

olhos é mal, para que sejas justificado quando falares e puro quando julgares. Eis que em iniquidade fui formado, e em pecado me concebeu minha mãe. (Salmos, 51: 3-5)

Talvez o Salmo 51 descreva a mais eloquente expressão de arrependimento e confissão observada em toda a Bíblia. O trecho revela, como em outros diversos textos, que "a fonte da conversão espiritual é Deus! Não é algo que os seres humanos podem alcançar sozinhos" (Witherup, 1996, p. 26). Nisso, é de vital importância observar o que a Bíblia diz por meio do profeta Jeremias:

> Dize-lhes mais: Assim diz o SENHOR: Cairão os homens e não se tornarão a levantar? Desviar-se-ão e não voltarão? Por que, pois, se desvia este povo de Jerusalém com uma apostasia tão contínua? Retém o engano e não quer voltar. Eu escutei e ouvi; não falam o que é reto, ninguém há que se arrependa da sua maldade, dizendo: Que fiz eu? Cada um se desvia na sua carreira como um cavalo que arremete com ímpeto na batalha. (Jeremias, 8: 4-6)

Notemos que a verdadeira conversão implica voltar-se para Deus, sem importar a condição em que a pessoa se encontra: "cairão"; "desviar-se-ão". Com efeito, "quem precisa de conversão é uma pessoa que segue obstinadamente em uma direção quando tem necessidade de uma volta de cento e oitenta graus" (Witherup, 1996, p. 22).

Falar sobre conversão é encarado quase como insulto nos dias de hoje. O mundo pós-moderno precisa de uma análise bíblica séria acerca da conversão.

> Pois sempre corremos o risco de trivializá-la, como se não fosse mais do que uma mudança superficial, uma simples autorreforma. Mas os autores do Novo Testamento falam da conversão como expressão externa de uma regeneração ou um novo nascimento pelo Espírito de Deus, uma recriação e uma ressurreição da morte espiritual. (O evangelho..., 1985, p. 78)

Agora, vejamos como Deus relaciona essa experiência ao seu perdão incondicional e à cura, como parte do processo, nas palavras de Oseias:

Converte-te, ó Israel, ao Senhor, teu Deus; porque, pelos teus pecados, tens caído. Tomai convosco palavras e convertei-vos ao Senhor; dizei-lhe: Expulsa toda a iniquidade e recebe o bem; e daremos como bezerros os sacrifícios dos nossos lábios. Não nos salvará a Assíria, não iremos montados em cavalos e à obra das nossas mãos não diremos mais: Tu és o nosso Deus; porque, por ti, o órfão alcançará misericórdia. Eu sararei a sua perversão, eu voluntariamente os amarei; porque a minha ira se apartou deles. Eu serei, para Israel, como orvalho; ele florescerá como o lírio e espalhará as suas raízes como o Líbano. (Oseias, 14: 1-5)

Oseias, portanto, também coloca a conversão como um movimento dinâmico. Trata-se de um permanente realinhamento com Deus, em busca da nossa identidade real, planejada por ele. A conversão é obra do Espírito Santo. Ele nos faz dar meia volta em direção a Deus e mudar de atitude em relação ao pecado, unindo-nos a Cristo e fazendo-nos membros do corpo de Cristo.

Deus, por intermédio do profeta Ezequiel, descreve esse processo como um "transplante de um coração espiritual":

Então, espalharei água pura sobre vós, e ficareis purificados; de todas as vossas imundícias e de todos os vossos ídolos vos purificarei. E vos darei um coração novo e porei dentro de vós um espírito novo; e tirarei da vossa carne o coração de pedra e vos darei um coração de carne. E porei dentro de vós o meu Espírito e farei que andeis nos meus estatutos, e guardeis os meus juízos, e os observeis. E habitareis na terra que eu dei a vossos pais e vós sereis o meu povo, e eu serei o vosso Deus. (Ezequiel, 36: 25-28)

Até o momento, abordamos a conversão com base em textos selecionados do Antigo Testamento. Agora passaremos a refletir sobre o tema segundo passagens extraídas do Novo Testamento.

2.1.2 Referências do Novo Testamento sobre conversão

Entre as muitas referências existentes no Novo Testamento sobre conversão, há uma que, mesmo sendo uma citação bíblica de Isaías, 6: 10, sintetiza bem o sentido espiritual da conversão, exposto em Mateus: "Porque o coração deste povo está endurecido, e ouviu de mau grado com seus ouvidos e fechou os olhos, para que não veja com os olhos, e ouça com os ouvidos, e compreenda com o coração, e se converta, e eu o cure" (Mateus, 13: 15).

Vimos que a conversão consiste numa mudança completa de direção, na qual o arrependimento é parte vital da mensagem evangelística. "Arrepender-se é mudar de atitude para com o pecado em todas os aspectos da personalidade, na mente, reconhecemos haver feito o incorreto, vemo-nos no caminho errado, e compreendemos a necessidade de abandonar os pecados se quisermos ser salvos" (Walker, 1987, p. 87). Isso significa dizer que, quando uma pessoa é transformada pelo evangelho, seu coração muda, suas prioridades mudam; tudo muda. Jesus relacionou o assunto da conversão à restauração da fé, numa condição na qual o convertido passa a enxergar a Deus e a si mesmo como nunca antes: "Disse também o Senhor: Simão, Simão, eis que Satanás vos pediu para vos cirandar como trigo. Mas eu roguei por ti, para que a tua fé não desfaleça; e tu, quando te converteres, confirma teus irmãos" (Lucas, 22: 31-32).

Nesse caso, o "retorno" de Pedro (após ter negado três vezes Jesus, segundo exposto na Bíblia, em João, 13: 38) mostra a conversão como um permanente realinhamento com a vontade de Deus. Ou seja, a conversão é sempre um movimento; um envolvimento de retorno e de realinhamento em busca do perdão divino.

Como evangelizadores, devemos ter em mente que a conversão é uma realidade interior que se expressa no mundo exterior. Pode ser mais gradual em algumas pessoas do que em outras. A expressão *ponham em ação a salvação de vocês* (Filipenses, 2: 12) significa "demonstração", "deixar que os outros vejam", como um produto na vitrine de uma loja. Deus é o realizador da salvação; ela não é fruto das obras ou méritos humanos. No entanto, ela se efetua numa parceria do divino (graça) com o humano (fé). Como diz Washer (2014, p. 27), devemos "renunciar e se desviar de qualquer esperança em alguma obra pessoal de piedade como meio de justificação ou posição de retidão diante de Deus. Qualquer obra em que a pessoa dependa em substituição à pessoa e obra de Cristo será uma obra morta que não pode salvar".

No sermão de Pedro no dia de Pentecostes, converteram-se a Cristo quase três mil pessoas; essa foi a primeira grande "colheita" fruto da pregação do evangelho. Mas, individualmente, a conversão se verifica na força da expressão *compungiu-se-lhes o coração* (Atos dos Apóstolos, 2: 37), mostrando a ação do Espírito Santo no interior dos ouvintes de coração aberto ao evangelho. Essa aflição de coração (perplexidade) nos ouvintes de Pedro os deixou sem saber o que dizer. Só lhes restou perguntar: Que faremos? Em resposta a essa inquietante pergunta, Pedro propôs a eles o caminho da conversão: arrependam-se, o que implica renúncia do pecado e aceitação de Cristo (pela fé).

2.2 A conversão segundo Jesus Cristo

O evangelho de Jesus é o chamado ao arrependimento e à fé. Esse arrependimento consiste na resposta que se identifica com a singularidade do evangelho de Jesus, e essa fé (fidelidade) se conecta com a adesão a Jesus, como testemunha fiel do seu evangelho. De fato, segundo Jesus Cristo, a conversão está intimamente ligada à crença no evangelho: "O tempo está cumprido, e o Reino de Deus está próximo. Arrependei-vos e crede no evangelho" (Marcos, 1: 15). A verdade é que "o tempo é curto; o juízo está próximo, por isso é preciso agir depressa. O tempo do verbo (presente do imperativo) também pode comunicar a mensagem que a conversão é um processo contínuo" (Witherup, 1996, p. 38).

Assim, crer no evangelho significa crer na pessoa de Jesus. Crer no Senhor Jesus significa crer que ele é nosso dono, nosso senhor. O senhorio de Cristo deve permear todos os aspectos da nossa vida; deve ser o alvo e o propósito da vida de todo crente. Se a minha relação com o senhorio de Cristo não estiver claramente definida, então terei sérios problemas com as demais demandas do cristianismo, especialmente nos relacionamentos com as pessoas (Romanos, 14: 5-9).

O evangelho de Cristo só é compreensível em profundidade na perspectiva da conversão, a qual diz respeito a uma experiência de mudança radical operada por Deus naquele que adere a Jesus como seu salvador e senhor. "Está claro, para nós, que o significado fundamental da conversão é uma mudança de lealdade. Outros deuses e senhores (ídolos, todos) tiveram domínios sobre nós. Mas agora Jesus Cristo é Senhor" (O evangelho..., 1978, p. 29).

É por se tratar de uma mudança radical que a conversão tem implicações em nossa maneira de ser, pensar e agir. Tal virada radical pressupõe que o homem não se considere mais justificado pelas suas próprias obras, mas pela graça de Deus (Efésios, 2: 8). O homem precisa ter consciência de sua condição de pecador e implorar o perdão divino. Nesse sentido, Moser (1976) indica dois aspectos da conversão fruto da graça de Deus:

- **Conversão como adesão jubilosa ao Reino de Deus**: "O tempo está cumprido, e o reino de Deus está próximo" (Marcos, 1: 15a). Essa afirmação aponta, em primeiro lugar, para voltar-se para Deus, ou aderir à boa-nova do Reino de Deus. Nesse caso, a ideia central do evangelho do reino é o anúncio da salvação em Cristo, e não a denúncia do pecado. Pode até ser que haja certo nível de denúncia do pecado, mas isso faz parte do anúncio da boa notícia da salvação, sempre marcado pela alegria, e não pela tristeza:

    A conversão, no sentido evangélico do termo, deverá ser associada ao júbilo do homem que experimenta seu encontro com o triunfador da morte e de todas as formas de mal. A Escritura concede a vida humana como envolta numa luta entre luz e trevas, vida e morte. Pela ressurreição de Cristo o homem sabe quem é o vencedor. (Moser, 1976, p. 127)

- **Conversão como mudança de mentalidade e de vida**: "Arrependei-vos e crede no evangelho" (Marcos, 1: 15b). A mudança de mentalidade fala do retorno do caminho errado. "O que o leva a mudar sua orientação de vida é a descoberta e admiração pela pessoa de Jesus. Idêntica é a situação do filho pródigo (Lc 15, 11-24): ele toma consciência da sua situação, reexamina sua vida e volta para a casa do Pai" (Moser, 1976, p. 131).

Para Jesus, a conversão tem também um toque ético particular, que pode ser observado em três dimensões inter-relacionadas:

1. **Geração de bons frutos** (Mateus, 12: 33-37; 13: 36-43; 15: 11,18-20): Jesus utiliza o termo *fruto* metaforicamente para designar o **viver correto**, como está escrito no trecho bíblico de Mateus a seguir, o qual diz que a incapacidade de dar frutos leva a perdas dos privilégios do reino:

   Acautelai-vos, porém, dos falsos profetas, que vêm até vós vestidos como ovelhas, mas interiormente são lobos devoradores. Por seus frutos os conhecereis. Porventura colhem-se uvas dos espinheiros ou figos dos abrolhos? Assim, toda árvore boa produz bons frutos, e toda a árvore má produz frutos maus. Não pode a árvore boa dar maus frutos, nem a árvore má dar frutos bons. Toda árvore que não dá bom fruto corta-se e lança-se no fogo. Portanto, pelos seus frutos os conhecereis.
   (Mateus, 7: 15-20)

   Essa passagem de Mateus é moldada pela frase repetida e conclusiva: "pelos seus frutos os conhecereis". Dessa forma, a intenção ética está em primeiro plano. "Embora as exigências éticas da conversão sejam fortes, ele [Mateus] não tem ilusões sobre o que torna real a eficácia dessas exigências na comunidade cristã. É a graça de Deus que causa a milagrosa produtividade do Reino de Deus" (Witherup, 1996, p. 48);

- **Juízo final** (Mateus, 8: 12; 13: 42-43; 22: 13; 24: 51): Jesus não separa o juízo da conversão, ou seja, a árvore que não der fruto será cortada e lançada no fogo (Mateus, 3: 10; 7: 19). Na Bíblia, nos capítulos 24 e 25 de Mateus, encontramos uma série de parábolas narradas por Jesus,

   com personagens em contraste que deixam claro ser o Reino futuro um reino que acarreta um juízo severo entre os que estão e os que não estão preparados. O primeiro exemplo de contraste é entre o servo fiel, recompensado por seu cuidado vigilante com a causa do Senhor, e o servo mau que desperdiçou o tempo e é castigado a chegada repentina do Senhor (Mt 24.45-51). O exemplo final é a conhecida parábola das ovelhas e os cabritos (Mt 25, 31-46), na qual os "cabritos" vão para o castigo eterno e as "ovelhas" (os justos) vão para a vida eterna. (Witherup, 1996, p. 52)

- **Desafios do discipulado** (Mateus, 7: 21; 12: 46-50; 18: 3-4): O chamado de Jesus à conversão consiste num chamado radical a um padrão de vida indiviso, como uma questão de escolha, especialmente o entendimento básico de se afastar do pecado e voltar-se para Deus. Como diz Witherup (1996, p. 52), "os discípulos devem demonstrar uma atitude interior apropriada que nasce no bom comportamento exterior".

Como já vimos, a conversão origina-se na ação da bondade de Deus como cumprimento das suas promessas proféticas. Na dimensão pessoal, Jesus liga o tema da conversão ao perdão e à reconciliação como resultados da ação divina. Talvez em nenhum outro lugar essa realidade esteja tão claramente explicada como na série das três parábolas bíblicas do Capítulo 15 de Lucas, nas quais a experiência de estar perdido e ser reencontrado resulta em alegria sem limites:

- Na primeira parábola, da ovelha perdida (Lucas, 15: 4-7), a ovelha não se desgarrou, mas "se perdeu", e o pastor tomou a iniciativa de sair a procurá-la até encontrá-la.
- Na segunda parábola, da moeda perdida (Lucas, 15: 8-10), depois de incansável busca, a ovelha foi encontrada.
- Na terceira parábola, do filho pródigo (Bíblia. Lucas, 2016, 15: 11-32), descreve-se de modo mais comovente que a conversão é muito mais do que ser reencontrado quando perdido; implica também voltar à vida.

A ideia de conversão nos ensinos de Jesus também é expressa no contraste entre luz e trevas apresentado no evangelho, segundo o qual ambas as realidades estão ligadas a ações humanas concretas.

Porque Deus amou o mundo de tal maneira que deu o seu Filho unigênito, para que todo aquele que nele crê não pereça, mas tenha a vida eterna. Porque Deus enviou o seu Filho ao mundo não para que condenasse o mundo, mas para que o mundo fosse salvo por ele. Quem crê nele não é condenado; mas quem não crê já está condenado, porquanto não crê no nome do unigênito Filho de Deus. E a condenação é esta: Que a luz veio ao mundo, e os homens amaram mais as trevas do que a luz, porque as suas obras eram más. Porque todo aquele que faz o mal aborrece a luz e não vem para a luz para que as suas obras não sejam reprovadas. Mas quem pratica a verdade vem para a luz, a fim de que as suas obras sejam manifestas, porque são feitas em Deus. (João, 3: 16-21)

Nesse caso, o que se quer dizer é que Jesus dá luz espiritual, que ilumina os pecadores para que recebam o evangelho.

2.3 O fenômeno da conversão bíblica como processo contínuo

O efeito produzido pela conversão na maneira de ser, pensar e agir do homem se dá no ambiente social concreto no qual ele está inserido. Mas, *a priori*, a conversão deve ser bíblica, e não cultural. A conversão é uma experiência particular, mas também é um processo, com consequências públicas e sociais. Nele, a salvação é conduzida a um clímax triunfante quando Cristo voltar pela segunda vez.

> A conversão em geral é mais gradual do que considera a doutrina evangélica tradicional. Na verdade, isso pode ser apenas uma disputa sobre palavras. Justificação e regeneração, a primeira levando a um novo status, e a segunda a uma nova vida, são obras de Deus, e instantâneas, embora não estejamos necessariamente cientes de quando ocorrem. A conversão, por outro lado, é nossa própria ação (movida pela graça de Deus) de nos voltarmos para Deus em penitência e fé. Embora possa incluir uma crise consciente, ela é frequentemente lenta e às vezes trabalhosa. (O evangelho..., 1978, p. 33)

O primeiro exemplo do fenômeno da conversão espiritual como processo contínuo se encontra no diálogo de Jesus com Nicodemos (João, 3: 1-5). Nicodemos "pertencia tanto a um partido religioso ou político específico como à elite política. Essa combinação de elite política e elite religiosa o colocavam na classe mais elevada em seu país" (Carson, 2012b, p. 175). Esse primeiro diálogo registrado por João aborda o tema da conversão com uma linguagem de tal maneira marcada pelo sagrado que Nicodemos quase nem se dá conta do significado espiritual de certas expressões, como *nascer de novo* ou *nascer do alto* (transformação radical no homem interior).

Quando Nicodemos ouve de Jesus acerca do **nascer de novo**, pensa tratar-se de um milagre médico. Diante disso, Jesus adota o método de diálogo progressivo e, por três vezes, amplia o tema a fim de que a fé e a compreensão espiritual de Nicodemos alcancem um sentido claro e preciso. A nova realidade que Jesus está lhe desvendando rompe radicalmente com a mentalidade terreno-intelectual e conduz à conversão espiritual.

De fato, Nicodemos "não conhece outro nascimento que o de Adão e Eva, ignora o que se origina de Cristo. Só entende a paternidade que gera para morte, não a paternidade que gera para a vida. Só conhece pais que geram sucessores, e ignora os que, sendo imortais, geram para a imortalidade" (Agostinho, 2017). Assim, por Nicodemos não conhecer outra forma de nascer espiritualmente a não ser por meio da pessoa de Jesus Cristo, quando essa experiência acontece com o indivíduo, ele passa a compreender o significado da expressão *nova criatura*; as coisas antigas já passaram e tudo se fez novo. Então, Nicodemos vai ao encontro de Jesus à noite. Talvez não quisesse se expor durante o dia, mas esse horário pode ser simbólico: a palavra *noite* pode indicar ausência de luz que nos impede de "ver" a Jesus e nos faz tropeçar. No evangelho de João, o vocábulo *noite* é simbólico e remete à realização de más ações e à necessidade de luz.

O fato de Nicodemos conversar com Jesus à noite, sem dúvida, foi para evitar a zombaria de seus pares por buscar Jesus, mas também para tirar algumas dúvidas acerca da pessoa de Jesus e seus ensinamentos. Conforme Barreiro (2005, p. 99), "Nicodemos sentiu-se atraído a acabou sendo cativado por Jesus, mas teve de percorrer um longo e sofrido itinerário para abrir-se à luz, vencer as trevas interiores e exteriores e apresentar-se publicamente como discípulo de Jesus". Por meio desse encontro, podemos observar algumas formas de exercitar o evangelismo:

- conhecer a pessoa e suas dúvidas perturbadoras;
- dar atenção a todos, sem acepção de pessoas;
- acolher e instruir em qualquer lugar e local e horário;
- levar as pessoas a refletirem sobre novas perspectivas, revelando o aspecto sobrenatural para elas;
- utilizar uma linguagem clara e objetiva para favorecer um progressivo entendimento espiritual.

O diálogo entre os dois está articulado em torno das três perguntas feitas por Nicodemos e três respostas dadas por Jesus. Note que as respostas começam com a fórmula: "Em verdade, em verdade, te digo" (João, 3: 3, 5, 11), um recurso pedagógico do Mestre para dar ênfase ao que está falando. "A incompreensão de Nicodemos vai permitir um progresso no ensinamento dos mistérios de Jesus" (Jaubert, 1985, p. 53).

Barreiro (2005, p. 110) afirma que,

> *ao longo de seu itinerário espiritual, Nicodemos guardará na memória de seu coração as palavras que Jesus lhe dissera, saboreando-as em silêncio, e os olhares com que o envolvera. Mesmo que tenhamos acumulado, como Nicodemos, muito saber, temos muito mais a aprender e a recordar a partir da experiência do encontro pessoal com Jesus. Para conhecer a verdade, para nascer "do alto", para renascer do Espírito e deixar-se conduzir pelo Espírito, é necessário ouvir as palavras que Jesus nos diz, deixar que elas ecoem na memória do nosso coração, deixar-se envolver pelo seu olhar e olhá-lo.*

A seguir, analisaremos como Jesus esclareceu as três dúvidas de Nicodemos.

Jesus responde à primeira dúvida de Nicodemos

A primeira dúvida de Nicodemos é: "porque ninguém pode fazer estes sinais que tu fazes, se Deus não estiver com ele" (João, 3: 2). Jesus deixa claro que, para entender Sua pessoa, Seus ensinamentos e ter acesso às realidades espirituais, é necessário, "nascer de novo" (João, 3: 3), um meio que exprime a incapacidade daquele que é terrestre para alcançar o que é de ordem divina. Sim, Jesus propõe algo totalmente novo para Nicodemos.

O evangelho de Jesus não tem atalho. É um convite radical para uma "nova" responsabilidade, uma experiência única da vida divina, da qual todos precisam estar conscientes para assimilar o significado quando Jesus disse: segue-me. Mas Nicodemos revela sua completa cegueira espiritual. Não entende que o **ver** torna-se indispensável para que ele desse fruto da nova vida recebida por meio de Jesus Cristo. É confortador o privilégio que Deus concede ao homem de cumprir o **ide por todo mundo** com a incumbência de proclamar a boa-nova salvadora (Marcos, 16: 15). Ninguém pode se sentir excluído de tão importante trabalho.

Na Bíblia, no Capítulo 3 de João, 3-5, o *ver* do versículo 3 muda para *entrar* no versículo 5, mas a ideia em ambos os casos é semelhante. E o mais importante é que o versículo 5 se move de **nascer de novo** para **nascer da água e do espírito**. Em outras palavras, *nascer de novo* é correspondente a *nascer da água e do espírito*; é nascer para a prática de vida do discipulado de Jesus. Isso significa que há um momento específico em que a pessoa experimenta o renascimento "do alto" ou "de novo".

A questão implica o *ver* para viver o sobrenatural de Deus. Portanto, é muito mais do que ver os sinais, como a Bíblia menciona em João, 2: 23. Significa experimentar a realidade divina do Reino de Deus, o poder e a vida de Deus para transformar e renovar. Se houver um **nascer de novo** que vem genuinamente de Deus, poderemos ver uma transformação, mudança de vida. Adentremo-nos no Reino de Deus!

Mas o que é Reino de Deus? É o domínio do Senhor, cuja essência é a sua vontade. Trata-se de um reino de misericórdia e perdão. Portanto, quem quiser fazer parte desse domínio espiritual precisa "nascer de novo" e seguir Cristo no seu evangelho. Por isso, o apelo urgente de Jesus: "O tempo está já se cumpriu. O Reino está próximo. Mudem a vida e acreditem no evangelho" (Marcos, 1: 15). Aquele, pois, que já entrou no Reino de Deus está comprometido com a sua realização em seu tempo e lugar na história, sob o imperativo de "buscai primeiro Reino de Deus e a sua justiça" (Mateus, 6: 33). A lógica de Jesus para o seu discipulado é que há uma relação de prioridade: primeiro o Reino de Deus e sua justiça; as demais coisas são construídas sob esse alicerce!

O *nascer de novo* trata de uma regeneração espiritual. Ou seja, é um ato instantâneo que significa ser "gerado novamente" ou "reconstruído pelo Espírito Santo" no homem interior. Dessa forma, o novo nascimento implica o ato divino pelo qual o princípio da nova vida é implantado no homem, operado pela Palavra de Deus, que gera fé. É, assim, o início da caminhada espiritual do homem com Deus, desencadeando todo o processo de mudança de vida que resulta num caráter íntegro, como o de Jesus Cristo.

Jesus responde à segunda dúvida de Nicodemos

A segunda dúvida de Nicodemos é: "como pode um homem nascer, sendo velho?" (João, 3: 4). Jesus mostra-lhe que, entre a carne e o espírito, existe um abismo. Explica que o homem natural pertence ao mundo da carne e que ele não pode chegar ao mundo do espírito por si mesmo. No entanto, aquele que nasce "do alto", pelo espírito, é transportado para o Reino de Deus, conhece os caminhos sobrenaturais de Deus e deixa-se orientar pelo Espírito, entra na novidade de vida com mobilidade, liberdade e dinamismo.

A palavra *carne* (João, 3: 6) designa o homem mortal e fraco e indica que o pensamento humano não pode penetrar nos desígnios de Deus. Assim, o discipulado de Jesus é uma ação permanente de mudança, de dentro para fora (Jeremias, 31: 33-34; Ezequiel, 36: 26-27), pela operação do Espírito Santo em nossa existência. Nessa perspectiva, a compreensão de quem é Jesus traz consigo a entrada na realidade divina. Conhecer Jesus trata-se de um progressivo renascer do espírito que nos conduz sempre ao desconhecido, numa abertura constante ao amor divino transcendente, do qual surge a luz da revelação.

Jesus responde à terceira dúvida de Nicodemos
A terceira dúvida de Nicodemos é: "pode tornar a entrar no ventre de sua mãe e nascer?" (João, 3: 4). Jesus convida-o a crer na Sua palavra. Nicodemos é desafiado a superar seu intelectualismo imperfeito e mergulhar no mistério do Filho de Deus. Se Nicodemos não desse esse passo, não poderia ter acesso a uma revelação maior. Mas, certamente, "Nicodemos começa a mudança das trevas para a luz, para que possa 'crer' e ser destinatário da 'vida eterna'". (Witherup, 1996, p. 102)

Com efeito, relacionado ao texto de João 3: 12, a questão abordada por Jesus trata-se de o indivíduo ter uma experiência sobrenatural ao ponto de atingir uma comunhão com Deus de forma imprevisível; é demonstrada ao ser humano a glória de Deus. Assim, a fé de Nicodemos vai crescendo lentamente na compreensão do evangelho, como indicam as outras duas referências a seu respeito em João. Sim, ele mostra crescimento no discipulado.

Para efeito de nota, a segunda menção a Nicodemos no Evangelho de João (João, 7: 50-52) é marcada por sua intervenção em defesa de Jesus ante o Sinédrio. Bortolini (1994, p. 41) diz que "Nicodemos não quer que o Sinédrio condene Jesus à morte sem antes dar-lhe chance de se defender". Sua atitude ousada indica que aquele encontro à noite com Jesus desencadeou o processo de transformação em um verdadeiro discípulo. Depois disso, Nicodemos aparece pela terceira e última vez no Evangelho de João, participando publicamente do sepultamento de Jesus (João, 19: 38-42). João sublinha a quantidade e a qualidade dos perfumes levados por Nicodemos para ungir o corpo do Cristo. Vemos, com isso, que sua fé em Jesus não ficou no âmbito privado, na linha do politicamente correto.

O que Nicodemos fez não foi por mera admiração por um grande líder religioso, mas reflete sua adesão de fé em Jesus. Sua jornada no seguimento de Jesus chega ao ápice quando ele toma a decisão de dar a uma sepultura digna ao corpo do Mestre. Barreiro (2005, p. 103) afirma que

> Nicodemos, que tinha ido ao encontro de Jesus envolvido pelas trevas do desconhecimento e da participação com a própria imagem, na hora em que é cometida a maior de todas as injustiças – a condenação à morte e a crucificação de Jesus como um maldito – dá testemunho dele publicamente, sem medo de ninguém.

Em suma, o encontro de Jesus com Nicodemos, na perspectiva evangelística, ensina o seguinte:

- **A necessidade da experiência sobrenatural** como expressão da graça que supera todas as forças da razão humana autônoma, especialmente nas situações em que o sagrado perdeu sua relevância na explicação e na gestação da realidade espiritual.
- **A necessidade de entender a formação espiritual como um processo**, um itinerário que transforma a vida de um discípulo, iniciado pela prontidão para mudar e viver melhor os valores do Reino de Deus, segundo uma orientação de discernimento espiritual.
- **A necessidade de avaliar o progresso do discípulo**, fazendo as correções necessárias para crescer tanto como pessoa quanto como cristão, expressando isso em seu testemunho público de Jesus e investimento no Reino de Deus.

Nesse sentido, a Carta aos Hebreus lança mais luz sobre o nosso entendimento da conversão como um processo contínuo:

- Na primeira referência ao termo *metanoia* (Hebreus, 6: 1-6), a palavra é traduzida como "arrependimento" no contexto do chamado a crescer além dos dados elementares da fé. Nesse caso, temos "a importância de permanecer fiel às promessas do batismo e ao ensinamento cristão fundamental" (Witherup, 1996, p. 127).

- Na segunda referência à palavra (Hebreus, 12: 17), o termo é traduzido também como "arrependimento". "Esaú é usado como exemplo negativo que ilustra a impossibilidade de múltiplos atos de arrependimento [...] Neste contexto maior, o autor de Hebreus adverte o povo das graves consequências de apostatar, mas ainda imagina um resultado esperançoso" (Witherup, 1996, p. 126-127).

Nessa linha, a Epístola de Tiago menciona o termo *metanoia* de forma esclarecedora ao tratá-lo como fenômeno operado internamente, no contexto da comunidade: "Irmãos, se algum dentre vós se tem desviado da verdade, e alguém o converter, saiba que aquele que fizer converter do erro do seu caminho um pecador, salvará da morte uma alma e cobrirá uma multidão de pecados" (Tiago, 5: 19-20)

No texto anterior, Tiago expõe que o espaço comunitário de fé é essencial à conversão. Witherup (1996, p. 128) diz que "os membros da comunidade têm responsabilidade mútua para 'trazer de volta' os que se extraviaram".

2.4 Exemplos bíblicos da conversão espiritual

A conversão espiritual é individual. Pode acontecer coletivamente, como no caso da aliança no Velho Testamento e nos batismos domésticos no Novo Testamento, mas a experiência é sempre pessoal. Ou seja, a exposição do evangelho pode ser pública, mas a ministração do Espírito Santo ocorre na pessoa, individualmente.

2.4.1 Evangelização e conversão de Saulo de Tarso

São inúmeros os exemplos de conversão individual no Novo Testamento, porém o episódio mais impressionante e memorável é a transformação de Saulo de Tarso, também chamado posteriormente de *apóstolo Paulo*, um impetuoso e dedicado perseguidor dos cristãos.

> *Paulo, era judeu, nascido em Tarso, capital da Cicília, e era também cidadão romano. Era fariseu, da tribo de Benjamim, hebreu de hebreus, extremamente zeloso da sua religião. [...] [Paulo era] um homem perigoso, truculento, selvagem; era um homem que queria de todas as maneiras e formas, e com toda a sua força e truculência destruir e arrasar a Igreja cristã. Seu ódio era contra o próprio Cristo, porque julgava que Jesus fosse um impostor, alguém que não merecia crédito, e, desta maneira, ele sentiu o desejo e a vontade de destruir Cristo e a sua Igreja.* (Lopes, 2008, p. 146-147)

Se, por um lado, Saulo de Tarso, ou Paulo, foi o maior inimigo do cristianismo nascente, por outro lado, sua conversão a Cristo é a mais importante da história. De acordo com Witherup (1996, p. 87), "a conversão de Paulo faz dele um dos principais exemplos de conversão no livro de Atos, mas ele é apenas um em uma longa lista dos que experimentam uma transformação dramática na vida".

A história da conversão de Paulo foi narrada três vezes por Lucas, autor dos Atos dos Apóstolos, nos capítulos 9: 1-19; 22: 6-16; 26: 12-18. "Muitos estudiosos veem as repetições como tendo o propósito de dar ênfase e como resultado de fontes diferentes. Mas também pode ser parte de uma estratégia narrativa (que alhures chamei de 'redundância funcional') para enfatizar como a mudança para os pagãos é realmente significativa" (Witherup, 1996, p. 84).

A primeira narrativa (Atos dos Apóstolos, 9: 1-19), talvez, seja a mais importante das três, por ocorrer em terceira pessoa. Vejamos um trecho:

> E Saulo, respirando ainda ameaças e mortes contra os discípulos do Senhor, dirigiu-se ao sumo sacerdote e pediu-lhe cartas para Damasco, para as sinagogas, a fim de que, se encontrasse alguns daquela seita, quer homens, quer mulheres, os conduzisse presos a Jerusalém. E, indo no caminho, aconteceu que, chegando perto de Damasco, subitamente o cercou um resplendor de luz do céu. E, caindo em terra, ouviu uma voz que lhe dizia: Saulo, Saulo, por que me persegues? E ele disse: Quem és, Senhor? E disse o Senhor: Eu sou Jesus, a quem tu persegues. Duro é para ti recalcitrar contra os aguilhões. (Atos dos Apóstolos, 9: 1-5)

A experiência de Paulo revela que conversão bíblica não consiste em mudança de religião; é uma realidade muito mais ampla e profunda. Até porque "Paulo continua a ser retratado como judeu fiel que, por acaso, crê que Jesus é o Messias" (Witherup, 1996, p. 85), pois uma das primeiras imagens no contexto da conversão de Paulo é o movimento de cegueira para a visão, que tem grande valor simbólico.

> O movimento da cegueira para a visão impregna a conversão de Paulo. A cegueira é não só a teimosia autoinduzida de Paulo ao não perceber como está errado quando persegue "o Caminho", mas também uma cegueira divinamente provocada, como vemos nas causas externas. A luz vem "do céu" e, quando ele é curado, uma espécie de membranas lhe cai dos olhos. Sua cegueira, assim, tem um propósito divino, revelar Paulo como "instrumento escolhido para evangelizar os pagãos". (Witherup, 1996, p. 86)

Nas outras duas passagens nas quais a história é narrada, vemos novos detalhes que nos permite compreender a conversão de Paulo.

Por exemplo: o aspecto do brilho da "luz" é intencionalmente aumentado (Atos dos Apóstolos, 9: 3; 22: 6; 26: 13), indicando a origem sobrenatural da conversão.

> *Na verdade, a conversão de Paulo foi súbita, mas não repentina. Deus já estava trabalhando neste homem. Deus já estava usando o aguilhão, o ferrão, tentando domar este boi selvagem e indomável. Mas este boi furioso não queria ceder, não queria se submeter, não queria curvar. E Deus começou a ferroar-lhe a consciência e a alma.* (Lopes, 2008, p. 147)

Outro detalhe importante a observar é que, a cada narrativa, diminui o papel facilitador de Ananias (Atos dos Apóstolos, 9: 10-17; 22: 12-16), a ponto de ele nem aparecer na terceira e última narrativa (Atos dos Apóstolos, 26: 12-18), deixando claro o fato de Paulo ter recebido sua missão de pregar aos pagãos do próprio Cristo ressuscitado, e não de Ananias.

> *Mas levanta-te e põe-te sobre teus pés, porque te apareci por isto, para te pôr por ministro e testemunha tanto das coisas que tens visto como daquelas pelas quais te aparecerei ainda, livrando-te deste povo e dos gentios a quem agora te envio, para lhes abrires os olhos e das trevas os converteres à luz e do poder de Satanás a Deus; a fim de que recebam a remissão dos pecados e sorte entre os santificados pela fé em mim.* (Atos dos Apóstolos, 26: 16-18)

Logo, Paulo, aquela "fera indomável" e inimigo do cristianismo, tornou-se um genuíno convertido; a prova imediata disso foi logo ter começado a testemunhar sobre Jesus em Damasco. Após sua dramática conversão, ele não abriria a sua boca para blasfemar ou maldizer ao Senhor, mas para proclamá-lo, para declarar a boa-nova; queria apenas repartir, compartilhar o evangelho com outras pessoas. Enfim, o trabalho evangelístico de Paulo, segundo a narrativa bíblica de Atos dos Apóstolos, 26: 16-18, está descrito por três imagens inter-relacionadas:

- conduzir os pagãos das trevas à luz;
- conduzir os pagãos do império de Satanás para Deus;
- receber a remissão de pecados por parte dos pagãos.

> Paulo sofre pressões e perseguições por onde passa, mas agora destila doçura da sua alma. Este homem deixa sair dos seus lábios palavras de vida, ele é uma benção, é o maior missionário, é o maior teólogo, é o maior evangelista, é o maior plantador de igrejas. É o homem que vai mexer com o mundo inteiro, que vai plantar igrejas em Chipre, na Galácia, na Europa, vão plantar igrejas na Ásia, e vai chegar a Roma testemunhando deste bendito evangelho do Senhor Jesus Cristo. Paulo termina a sua vida escrevendo cartas, treze, ao todo. Ele é o maior escritor do Novo Testamento. Um homem que abençoou o mundo. Nenhum rei, filósofo, magistrado, pensador, ou erudito na história da humanidade é mais conhecido do que Paulo. Nenhum homem tem suas obras mais comentas do que Paulo. (Lopes, 2008, p. 151)

2.4.2 Evangelização e conversão de Zaqueu

A evangelização e a conversão de Zaqueu, história narrada na Bíblia pelo evangelista Lucas no Capítulo 19 do evangelho que carrega o seu nome, é outro excelente exemplo da transformação pela boa-nova de Jesus. Zaqueu pertencia à elite social da cidade de Jericó. Era chefe da equipe dos cobradores de impostos.

A evangelização e a conversão de Zaqueu demonstram que a opção de Jesus não era pelos pobres, mas por tantos quantos carecessem de salvação. Não há exceção a pessoas na "metodologia" de Jesus.

> E, tendo Jesus entrado em Jericó, ia passando. E eis que havia ali um homem, chamado Zaqueu; e era este um chefe dos publicanos e era rico. E procurava ver quem era Jesus, e não podia, por causa da multidão, pois era de pequena estatura. E, correndo adiante, subiu a uma figueira brava para o ver, porque havia de passar por ali. E, quando Jesus chegou àquele lugar, olhando para cima, viu-o e disse-lhe: Zaqueu, desce depressa, porque hoje me convém pousar em tua casa. E, apressando-se, desceu e recebeu-o com júbilo. E, vendo todos isso, murmuravam, dizendo que entrara para ser hóspede de um homem pecador. E, levantando-se Zaqueu, disse ao Senhor: Senhor, eis que eu dou aos pobres metade dos meus bens; e, se em alguma coisa tenho defraudado alguém, o restituo quadruplicado. E disse-lhe Jesus: Hoje veio a salvação a esta casa, pois também este é filho de Abraão. Porque o Filho do Homem veio buscar e salvar o que se havia perdido. (Lucas, 19: 1-10)

Em sua busca, Jesus não massificou as pessoas, pois a salvação é individual, e é nesse campo que aconteceu o encontro com Zaqueu, o qual buscava Jesus: "E procurava ver quem era Jesus [...]" (Lucas, 19:3). Sua curiosidade levou-o a subir numa árvore. O que Zaqueu não sabia é que Jesus estava a sua procura: "E quando Jesus chegou àquele lugar, olhando para cima, viu-o e disse-lhe: [...]" (Lucas, 19: 5). Como evangelizador, mesmo no meio de um multidão, Jesus sabia quem abordar. Não se trata de escolher com critérios humanos, mas com discernimento espiritual.

O primeiro passo, então, foi levar Zaqueu a conscientizar-se de sua natureza pecaminosa. "Quando Jesus viu Zaqueu em cima da árvore, começou sua abordagem a partir deste fato. Assim, Jesus mais uma vez toma como ponto de partida a realidade do momento da pessoa" (Santos, 1993, p. 71). Jesus foi objetivo em sua abordagem. Não se apegou aos chavões da religião. Adequou sua abordagem à individualidade de Zaqueu, levando em consideração as circunstâncias, deixando para o evangelizando a oportunidade de tomar uma decisão, reconhecer seu pecado, arrepender-se, renunciar à velha vida, converter-se. Zaqueu não titubeou: desceu de imediato da árvore e abriu sua casa como sinal de aceitação da pessoa de Jesus.

Como Jesus levou Zaqueu a fazer a sua conversão? De acordo com Santos (1993, p. 74-78), foram quatros passos:

1. **Abrir as portas da casa**: Ao abrir as portas da casa, estava abrindo seu coração para Jesus. "A evangelização, para ser completa, precisa levar o evangelizando a reconhecer que Jesus é o Filho de Deus" (Santos, 1993, p. 98).
2. **Reconhecer o pecado**: Na experiênca de Zaqueu, a consciência do pecado veio em decorrência da presença de Jesus. Isso mostra que Jesus não compactua com o pecado.
3. **Arrepender-se**: É entristecer-se pelo que fez. Não se trata de utilizar a emoção ou a acusação para forçar o arrependimento pelo medo, mas ato de confrotar o bem com o mal.
4. **Fazer a conversão social**: Zaqueu exteriorizou seu arrependimento. Esse é um passo importante na evangelização. Consiste num ato de fé, num profundo desejo de conversão. "E, levantando-se Zaqueu, disse ao Senhor: Senhor, eis que eu dou aos pobres metade dos meus bens; e, se em alguma coisa tenho defraudado alguém, o restituo quadruplicado" (Lucas, 19: 8).

Essa narrativa revela que, com efeito, o que importa para Jesus é a pessoa, e não sua condição social: "Porque o Filho do Homem veio buscar e salvar o que se havia perdido" (Lucas, 19: 10).

2.4.3 Evangelização e conversão do centurião Cornélio

Na Bíblia, em Atos dos Apóstolos, temos a seguinte narrativa:

> *E havia em Cesareia um homem por nome Cornélio, centurião da corte chamada Italiana, piedoso e temente a Deus, com toda a sua casa, o qual fazia muitas esmolas ao povo e, de contínuo, orava a Deus. Este, quase à hora nona do dia, viu claramente numa visão um anjo de Deus, que se dirigia para ele e dizia: Cornélio. O qual, fixando os olhos nele e muito atemorizado, disse: Que é, Senhor? E o anjo lhe disse: As tuas orações e as tuas esmolas têm subido para memória diante de Deus. Agora, pois, envia homens a Jope e manda chamar a Simão, que tem por sobrenome Pedro. Este está com um certo Simão, curtidor, que tem a sua casa junto do mar. Ele te dirá o que deves fazer. E, retirando-se o anjo que lhe falava, chamou dois dos seus criados e a um piedoso soldado dos que estavam ao seu serviço. E, havendo-lhes contado tudo, os enviou a Jope. E no dia seguinte, indo eles seu caminho e estando já perto da cidade, subiu Pedro ao terraço para orar, quase à hora sexta. E, tendo fome, quis comer; e, enquanto lho preparavam, sobreveio-lhe um arrebatamento de sentidos, e viu o céu aberto, e que descia um vaso, como se fosse um grande lençol atado pelas quatro pontas, vindo para a terra.* (Atos dos Apóstolos, 10: 1-11)

Nessa história de conversão, Pedro evangelizou Cornélio, um homem devoto a Deus, que estava "maduro" para abraçar a boa-nova acerca de Cristo:

> *E, abrindo Pedro a boca, disse: Reconheço, por verdade, que Deus não faz acepção de pessoas; mas que lhe é agradável aquele que, em qualquer nação, o teme e faz o que é justo. A palavra que ele enviou aos filhos de Israel, anunciando a paz por Jesus Cristo (este é o Senhor de todos), esta palavra, vós bem sabeis, veio por toda a Judeia, começando pela Galileia,*

depois do batismo que João pregou; como Deus ungiu a Jesus de Nazaré com o Espírito Santo e com virtude; o qual andou fazendo bem e curando a todos os oprimidos do diabo, porque Deus era com ele. E nós somos testemunhas de todas as coisas que fez, tanto na terra da Judeia como em Jerusalém; ao qual mataram, pendurando-o num madeiro. A este ressuscitou Deus ao terceiro dia e fez que se manifestasse, não a todo o povo, mas às testemunhas que Deus antes ordenara; a nós que comemos e bebemos juntamente com ele, depois que ressuscitou dos mortos. E nos mandou pregar ao povo e testificar que ele é o que por Deus foi constituído juiz dos vivos e dos mortos. A este dão testemunho todos os profetas, de que todos os que nele creem receberão o perdão dos pecados pelo seu nome. (Atos dos Apóstolos, 10: 34-43)

Ao acolher a mensagem do evangelho, Cornélio não se tornou apenas um convertido ao cristianismo, mas um autêntico símbolo do mundo pagão que vem à fé cristã. Um tempo depois,

a conversão de Cornélio foi confirmada por Pedro e Tiago no Concílio de Jerusalém, onde é confirmada a orientação para evangelizar os pagãos (At 15, 7-9, 13-19). Assim, a conversão de Cornélio torna-se simbólica de toda a direção que Atos assume para difundir a Boa Nova às comunidades da terra. (Witherup, 1996, p. 90)

2.5 Propósito da evangelização

Em última análise, o propósito da evangelização é a conversão. Para alcançar esse objetivo, a mensagem do evangelho precisa ser dirigida tanto à mente como ao coração do homem: para informá-lo, moldar atitudes e conduzi-lo a uma ação ou decisão de receber e seguir Jesus.

Mesmo que a conversão envolva uma ruptura radical e completa com o passado, esse processo também pode ser comparado ao se despir de uma roupa suja. Ou seja, na conversão "nos despimos" do velho Adão. É a experiência inicial do Reino de Deus: primeiro, a transformação interior; depois, a mudança de vida e atitudes.

Na verdade, a conversão bíblica consiste no retorno decisivo para Deus e o abandono radical de tudo o que é incompatível com Deus e seu reino. Dessa maneira,

> o chamado à conversão, como um chamado ao arrependimento e à obediência, deve também ser dirigido a nações, grupos e famílias. Proclamar a necessidade de mudar da guerra para a paz, da injustiça para a justiça, do racismo para a solidariedade, do ódio para o amor é um testemunho prestado a Jesus Cristo e seu Reino. (Comissão..., 1985, p. 30)

A evangelização é uma tarefa inacabada. Todo cristão é um enviado a falar de Jesus àqueles que estão a sua volta. O mundo está perdido e carece da salvação!

O evangelho de Jesus é vida, paz e esperança. Não é transmitido apenas por intermédio de palavras, mas também pelo comportamento cristão. Compartilhar a boa-nova de Jesus Cristo, aquilo que Ele fez por nós na cruz, tem como propósito levar os evangelizandos ao reconhecimento consciente de seus pecados e à experiência sobrenatural da conversão espiritual. A conversão é a porta de entrada ao Reino de Deus (seu domínio e autoridade). A redenção chegou e se estabeleceu pela morte e pela ressurreição de Jesus Cristo.

Agora, o homem só precisa crer nele para ser salvo e entrar no Reino de Deus. Quando somos introduzidos, pela fé, ao Reino de Deus, o Espírito Santo vem e faz em nós morada, gerando uma nova vida.

Síntese

A primeira abordagem deste capítulo se relaciona à conversão, fundamental no cristianismo. A pessoa precisa se converter a Jesus para se tornar cristã, já que ninguém pode seguir Jesus sem primeiro se converter a Ele. Com efeito, a conversão é o propósito da evangelização!

Todo ser humano precisa se converter a Jesus à semelhança de Saulo, de Zaqueu e do centurião Cornélio. A conversão é necessária, sobrenatural e pessoal.

Como vimos, o evangelho não é apenas uma teoria, mas um método bíblico eficaz de mudança do homem, de dentro para fora. O evangelho de Jesus não se restringe ao meio de salvação a todos aqueles que creem; diz respeito também ao instrumento divino de educação na fé cristã.

Nesta seção, também trouxemos conceitos importantes a respeito da evangelização, segundo os objetivos desta. Assim, podemos concluir que o propósito da evangelização que é apresentar para todos as boas-novas da salvação e o profundo amor de Deus pelos seres humanos, a ponto de enviar seu Filho amado como porta-voz das notícias da salvação.

Atividades de autoavaliação

1. Nos itens a seguir, marque V para as alternativas verdadeiras e F para as falsas:
    ( ) O sentido bíblico da palavra *conversão* (do grego *metanoia*) significa "voltar-se", "orientar-se", "aderir".
    ( ) O termo hebraico que corresponde à *conversão* é *shub*, que significa "voltar", "retornar", "regressar".

( ) A verdadeira conversão é simplesmente uma mudança de religião.

( ) A verdadeira conversão inclui as seguintes fases sucessivas: 1) reconhecimento do pecado, por meio do Espírito Santo, pois somente ele pode nos "convencer" a voltar para Deus; 2) arrependimento, que trata de uma dor no coração (contrição; não remorso) e aversão ao pecado; 3) confissão, renunciando explicitamente a Satanás e a todas as suas obras.

( ) Fé e arrependimento estão intrinsecamente ligados.

2. Nos itens a seguir, marque V para as alternativas verdadeiras e F para as falsas:

( ) A pregação bíblica do profeta Joel (Capítulo 2, versículos 12-13) quer fazer com que o povo reconheça sua necessidade de salvação e se arrependa do mau caminho, redirecionando-se para Deus.

( ) O tema da conversão nunca é abordado no Antigo Testamento.

( ) Oseias, no trecho bíblico 14: 1-5, também enfatiza a conversão como um movimento dinâmico: um permanente realinhamento com Deus, em busca da identidade real, planejada por ele.

( ) A expressão "ponham em ação a salvação de vocês" (Filipenses, 2: 12) significa *demonstração*; quer dizer *deixar que os outros vejam*, como um produto na vitrine de uma loja.

( ) Com efeito, o arrependimento é um mero acessório opcional à vida cristã.

3. Nos itens a seguir, marque V para as alternativas verdadeiras e F para as falsas:

( ) Para Jesus, a conversão tem também um toque ético particular, que pode ser observado em três dimensões inter-relacionadas: 1) geração de bons frutos; 2) juízo final; 3) desafios do discipulado.

( ) O tratado acerca da doutrina bíblica da conversão, bem como a experiência pessoal, são indispensáveis ao processo da integração do indivíduo à Igreja local.
( ) Jesus não faz nenhuma relação da experiência da conversão com as questões éticas e morais.
( ) A ideia de conversão nos ensinos de Jesus também é expressa no contraste entre luz e trevas, no qual ambas as realidades estão ligadas a ações humanas concretas.
( ) A Bíblia não deixa claros os efeitos práticos da conversão.

4. Nos itens a seguir, marque V para as alternativas verdadeiras e F para as falsas:
   ( ) A conversão não é pessoal, mas uma experiência sócio-cultural-política, coletiva, como um novo horizonte para uma nova antropologia.
   ( ) Jesus responde à primeira dúvida de Nicodemos – "porque ninguém pode fazer estes sinais que tu fazes, se Deus não estiver com ele" (João, 3: 2) – e deixa claro que, para entender sua pessoa, seus ensinamentos e ter acesso às realidades espirituais, é necessário, antes de tudo, "nascer de novo" (João, 3: 3).
   ( ) Jesus responde à segunda pergunta de Nicodemos – "como pode um homem pode nascer, sendo já velho?" (João, 3: 4) – mostrando-lhe que, entre a carne e o espírito, existe um abismo.
   ( ) A resposta de Jesus à terceira pergunta de Nicodemos – "Será que pode voltar ao ventre materno e nascer uma segunda vez?" (João, 3: 4) – convida-o a crer na Sua palavra.
   ( ) A conversão é uma experiência humana que não precisa de nenhuma intervenção espiritual. Se a pessoa acredita em Jesus, isso já é suficiente para que ela esteja ligada a uma determinada religião e ao Cristo.

5. Nos itens a seguir, marque V para as alternativas verdadeiras e F para as falsas:

( ) A experiência de Paulo revela que a conversão bíblica não consiste em mudança de religião; é uma realidade muito mais ampla e profunda: de dentro para fora.

( ) A experiência de conversão de Paulo comprova apenas sua mudança de religião: do judaísmo para o cristianismo.

( ) A conversão de Paulo exemplifica como o novo convertido torna-se reconhecido pela sua forte atração por Jesus.

( ) A evangelização e a conversão de Zaqueu demonstra que a opção de Jesus não era apenas pelos pobres, mas por tantos quantos careciam de salvação.

( ) A evangelização e a conversão de Zaqueu revela que a opção de Jesus era sempre pelos mais ricos.

Atividades de aprendizagem

Questões para reflexão

1. Qual o sentido bíblico da palavra *conversão*, cuja origem vem do grego *metanoia?*

2. A conversão contempla algumas fases sucessivas. Quais são elas?

3. Qual é a tríplice dimensão do processo da conversão sintetizada por Moser (1976)?

4. O diálogo evangelístico entre Jesus e Nicodemos gira em torno das três perguntas feitas por Nicodemos e três respostas dadas por Jesus. As três respostas dadas por Jesus começam com uma fórmula. Qual é essa fórmula?

Atividade aplicada: prática

1. Promova um encontro com, no mínimo, cinco amigos e desenvolva uma conversa a respeito da conversão. Cada um pode compartilhar sobre a mudança na sua vida após a conversão e como ela ocorreu. Combine com o grupo uma rotina para continuar as conversas e convidar outras pessoas para futuros encontros.

capítulo três

Fundamentos do processo integrador na comunidade da fé

03

Após conhecer o evangelho e experimentar a conversão espiritual, o próximo passo é ser integrado à comunidade da fé, já que o cristianismo é, essencialmente, uma peregrinação de heróis da fé em comunhão uns com outros. Isso significa dizer que a jornada cristã requer relacionamentos comprometidos e pessoais. Esse é o ritmo de vida da família da fé no seguimento de Jesus. Como diz Bonhoeffer (1986, p. 8), "a presença física de outros cristãos se lhe constitui em fonte de alegria e fortalecimento incomparáveis".

No Novo Testamento, quando o evangelho era proclamado e alguém e se convertia ao cristianismo, logo era encorajado a pertencer a uma Igreja local, para uma vida em comunhão, como certidão de seu renascimento espiritual, e para receber acompanhamento e, assim, crescer na fé. "Eis porque a Igreja deve mostrar uma face misericordiosa, nunca dura, severa, ou ameaçadora, lembrando que para Jesus os primeiros destinatários do evangelho eram os pobres, os pecadores, os marginalizados" (Bianchi, 2015, p. 47).

Dessa forma, um dos significados da palavra *igreja* (do grego *ekklesia*) se refere a um grupo de cristãos que se reúne em uma casa com o propósito de comunhão, oração, adoração, edificação e encorajamento mútuo. Nos tempos do Novo Testamento, era comum e, às vezes necessário, que as comunidades locais se reunissem nas casas uns dos outros (Romanos, 16: 5; Colossenses, 2016, 4: 15)[1]. Assim, essas igrejas-lares acomodavam perfeitamente a figura da Igreja como família de fé, cuja amizade significativa é uma necessidade humana fundamental.

> *E perseveravam na doutrina dos apóstolos, e na comunhão, e no partir do pão, e nas orações. E em toda a alma havia temor, e muitas maravilhas e sinais se faziam pelos apóstolos. Todos os que criam estavam juntos e tinham tudo em comum. Vendiam suas propriedades e fazendas, e repartiam com todos, segundo cada um tinha necessidade. E, perseverando unânimes todos os dias no templo e partindo o pão em casa, comiam juntos com alegria e singeleza de coração, louvando a Deus e caindo na graça de todo o povo. E todos os dias acrescentava o Senhor à igreja aqueles que se haviam de salvar.* (Atos dos Apóstolos, 2: 42-47)

O texto anterior retrata de forma clara como era a vida em comunhão dos primeiros cristãos; como eles se moviam do templo para as casas e das casas para o templo. Nessa dinâmica de vida da família da fé, percebemos pelo menos quatro enfoques da vida comunitária da Igreja nascente:

---

1 Todas as passagens bíblicas indicadas neste capítulo são citações de Bíblia (2009), exceto quando houver outra indicação.

1. participação comum na obra de Deus expressa na dedicação dos crentes à palavra, à comunhão e à oração;
2. partilha dos bens materiais segundo as necessidades de cada um;
3. relação forte com Deus por meio de uma adoração corporativa forte;
4. evangelismo como estilo de vida, como resultado dos itens anteriores.

Hoje, há grandes esforços evangelísticos, mas, na hora de cuidar das conquistas, pouco se realiza. De fato, precisamos empregar todos os recursos legítimos para que o novo cristão se sinta perfeitamente integrado e envolvido com a comunidade da fé, a fim de que não venha desviar-se da verdade. Para isso, é indispensável estabelecer pontos de contatos objetivos, acompanhamento pessoal intencional e um programa de formação espiritual sólida.

Numa comunidade de fiéis, a vida comum é verdadeiramente edificante e também a base do nosso testemunho ao mundo. Quando os cristãos demonstram unidade e amor recíproco, o mundo se confronta com uma realidade divina: a presença de Deus na terra (João, 13: 35; 17: 21-23; 1 João, 4: 11-12).

A comunhão e o amor de uns para com os outros na comunidade da fé revela a realidade de:

- nossa relação com Deus;
- nosso desenvolvimento como povo de Deus;
- nosso valor como testemunhas ao mundo perdido.

Com essa convicção, podemos entender a necessidade de estabelecermos, na Igreja local, um sistema de integração dos novos cristãos, como observado no Novo Testamento e o qual se prosseguiu na história. Por exemplo, no fim do primeiro século de nossa era, bem próximo dos escritos do Novo Testamento, foi elaborado um manual de religião chamado *Didaquê* (que, em grego, significa "ensino"). Trata-se de um manual de disciplina eclesiástica do final do século I e início do século II que apresenta o ensino dos apóstolos para os novos na fé. Esse manual é composto de 16 capítulos:

- Os primeiros seis capítulos compõem a parte doutrinal ou catequética, que é tratada sob o olhar de dois caminhos: o primeiro é o caminho do bem, isto é, o caminho da vida; o segundo, o do mal, ou o caminho da morte. A vida consiste em amar a Deus e ao próximo.
- Os capítulos de 7 a 10 dão instruções sobre como administrar batismo, jejum, oração etc. Integram a segunda parte do manual.
- Os capítulos de 11 a 15 expõem as instruções disciplinares e prescrevem o que há de ser observado pelos fiéis que vêm de fora e o que devem fazer na comunidade.
- Finalmente, o Capítulo 16 adverte os fiéis para a segunda vinda de Cristo.

Esse documento nos permite conhecer as origens do cristianismo e, principalmente, nos dá uma ideia de como era a iniciação cristã no século I, entre outras coisas. Escrito principalmente para convertidos vindos do paganismo, o *Didaquê* mostra que o cristianismo não consiste numa redoma na qual a comunidade se refugia, mas num fermento que se expande para transformar toda a sociedade. Santo Agostinho (354-430 d.C.), por volta do ano 400 d.C., desenvolveu um tratado teórico-prático sobre como catequizar, no qual declara: "O que quer que narres faze-o de tal forma que aquele que te ouve, ouvindo, creia e, crendo, espere e, esperando, ame" (Agostinho, 2005, p. 49). Depois, afirma:

> *Após dizer tudo isso, deve-se interrogar o candidato se crê em tudo e se deseja observá-lo. Se responder que sim, então deve ser solenemente marcado com o sinal da cruz e ser tratado conforme os costumes da Igreja. A respeito do sinal que recebe, seja-lhe bem esclarecido que sinais das realidades divinas são visíveis, mas nele honramos as próprias realidades invisíveis; que aquela matéria santificada pela benção não deve mais ser considerada como uma coisa comum. Deve-se também explicar o significado da palavra que ele ouviu, que riqueza se encontra nela, símbolo da qual realidade carrega. Em seguida deve ser enxotado para, dali em diante, quando ouvir algo da Escritura com som carnal, mesmo sem entender, creia que tem um sentido espiritual dizendo respeito aos santos costumes e à vida futura. Assim ele aprende em pouco tempo que o que ele ouvir dos Livros canônicos que não pode ser colocado em referência ao amor da eternidade, da verdade e da santidade, nem ao amor do próximo, ele deve crer dito ou acontecido de modo figurado; e assim procure entendê-lo referente àquele duplo amor. Assim, não vai mais compreender "próximo" de maneira carnal, mas como todo aquele que poderá estar com ele na santa cidade, que isto já apareça ou ainda não, e nunca vai perder a esperança de correção de nenhuma pessoa, pois, como diz o Apóstolo, a paciência de Deus não o deixa viver por nenhum outro motivo, senão o de ser conduzido à penitência.* (Agostinho, 2005, p. 114)

A evangelização é obra de Deus, e os crentes são seus obreiros! Deus não está satisfeito com alguns poucos salvos. O corpo de Cristo deve ser uma grande multidão, mas

> *a responsabilidade individual do cristão é, antes de qualquer coisa, para com a comunidade cristã e seu Líder, Jesus Cristo. A primeira tarefa de todo cristão é a edificação da comunidade cristã. Se dissermos que a primeira responsabilidade do cristão é ministrar para os não crentes, estamos ignorando o que o Novo Testamento nos ensina a respeito dos*

dons espirituais, e colocamos nas costas de muitos cristãos um fardo que não conseguem suportar. Além do mais, isso ressalta um ponto da conversão, mas subestima a edificação da igreja, que é essencial para um evangelismo efetivo e o crescimento da igreja. (Snyder, 1999, p. 19)

Agora, é necessário fazermos uma análise mais profunda de um exemplo bíblico sobre a integração eficaz.

3.1 Um exemplo bíblico de integração eficaz à Igreja

O crescimento numérico da Igreja local deve estar sintonizado com o crescimento espiritual de seus membros. Do contrário, todo propósito da evangelização vai por água abaixo e não cumpre o objetivo de Deus. Walker (1987, p. 173) diz que "a Bíblia compara a evangelização ao trabalho de um lavrador ao preparar o campo, plantar a semente, cultivar as plantas e colher o fruto. É necessário plantar a semente certa no lugar apropriado e utilizar os métodos corretos no momento oportuno se desejar uma boa colheita".

Talvez um dos melhores exemplos para ilustrar esse processo esteja na Carta de Paulo a Filemom. Paulo conheceu Filemom quando estava em Éfeso (Atos dos Apóstolos, 19: 10) e, ao julgar pela declaração de Paulo apresentada na Bíblia, no Capítulo 19 de Filemom, foi o próprio apóstolo quem o levou à conversão a Cristo. Na ocasião dessa carta, Filemom residia em Colossos, onde havia uma comunidade cristã que se reunia em sua própria casa: "Paulo, prisioneiro de Jesus Cristo, e o irmão Timóteo, ao amado Filemom, nosso cooperador, e à nossa irmã Áfia, e a Arquipo, nosso companheiro, e à Igreja que está em tua casa" (Filemom, 1-2).

No trecho anterior, *casa* indica um ambiente facilitador para um cuidado incubador vital do "novo bebê" na fé. O singular *tua casa* tem relação com o fato de que, até o terceiro século da Era Cristã, não há nenhum registro da existência de edifícios dedicados à Igreja. O curioso é que a linha histórica reconstruída na carta é bastante simples, ou seja: um próspero irmão na fé – Filemom –, também amigo do apóstolo Paulo, possuía um escravo – Onésimo – que fugiu de seu senhor, tendo provavelmente roubado alguma importância em dinheiro ou algo de propriedade do padrão: "E, se te fez algum dano ou se te deve alguma coisa, põe isso na minha conta" (Filemom, 18).

Com isso, em um determinado lugar, por meio de uma desconhecida sequência de eventos, o fugitivo Onésimo encontra-se com o apóstolo Paulo e se converte ao cristianismo. Moore (2010, p. 290) afirma:

> *Não há como saber ao certo, mas, enquanto permaneceu fugitivo, Onésimo pode ter roubado de novo e, em consequência, ter sido encarcerado com Paulo. Imagine o estranhamento deles ao constatar que ambos conheciam Filemom. Você pode ter certeza de que esse encontro não foi uma coincidência. Sem dúvida, Deus determinou que o escravo fugitivo topasse com o mais famoso escravo da graça de toda a cristandade.*

Possivelmente, depois da sua conversão, Onésimo passou a ser ajudador do apóstolo em seu encarceramento. Após certo tempo, porém, Paulo decide devolvê-lo a Filemom – seu legítimo dono.

> *Paulo foi sábio em mandar o escravo de volta para o seu senhor: primeiro, era ilegal receber ou deter escravos fugitivos – os descrentes poderiam ter levantado a acusação de que o cristianismo encoraja os escravos a fugirem dos seus senhores; segundo, era correto que Onésimo voltasse a fim de pessoalmente convencer Filemom de que a sua conversão era*

genuína – que não se tornara cristão para se afastar do seu legítimo senhor; terceiro, Onésimo era propriedade legal de Filemom, e Paulo, que pregava retidão e honestidade, queria exemplificá-la. Sabia que mesmo que obtivesse a permissão de Filemom para reter o escravo, o inimigo teria sussurrado no ouvido do dono: "Aquele pregador é muito vivo com suas frases suaves: conseguiu obter seu escravo com um pouco de conversa". (Pearlman, 1998, p. 225)

Nessa ocasião, Paulo decidiu também escrever uma carta para a comunidade de Colossos, que seria entregue pelo emissário Tíquico, o qual seria também o companheiro ideal para Onésimo em sua viagem de volta a essa cidade:

Tíquico, irmão amado e fiel ministro, e conservo no Senhor, vos fará saber o meu estado; o qual vos enviei para o mesmo fim, para que saiba do vosso estado e console o vosso coração, juntamente com Onésimo, amado e fiel irmão, que é dos vossos; eles vos farão saber tudo o que por aqui se passa. (Colossenses, 4: 7-9)

Ao prever, então, que a inesperada chegada de Onésimo a Colossos poderia causar algum tipo de constrangimento, Paulo escreveu a carta de recomendação a favor do culpado escravo fugitivo, mas com uma ressalva: agora convertido pelo evangelho!

A maneira como Paulo aborda esta questão para indicar, a muitos, que como muitos escravos fugitivos, Onésimo financiou a sua fuga roubando algo de valor do seu senhor. No entanto, o próprio ato de fugir já constituía um roubo. Um escravo no século I era propriedade, de valor por si mesmo. Um escravo comprado para trabalho manual era barato, valendo cerca de 500 denários. Esta quantia adquire importância ao nos lembrarmos que um trabalhador livre ganhava um único denário por um dia de trabalho. Por outro lado, Cícero fala de um escravo, educado

> por um comerciante conhecido, e que valia mais de cem mil denários; e diversos autores da época mencionam 50 mil denários como sendo o preço de um escravo educado em medicina, filosofia ou retórica. Assim, independentemente do fato de Onésimo ter ou não roubado dinheiro do seu senhor, sem dúvida ele roubou a sua própria pessoa de Filemom. Uma mercadoria que Filemom, como seu proprietário, tinha todo direito de vender para um serviço mais caro do que o serviço na sua própria casa.
>
> (Richards, 2007, p. 487)

A Carta de Paulo a Filemom é a mais curta e mais pessoal do apóstolo. Ele a escreveu do próprio punho, possivelmente entre os anos 61 e 62 d.C. Logo no princípio, expressa sua afeição e tato pelo destinatário, pois escrevia do seu coração para o coração de um amigo. O ambiente fraterno é o ponto central sobre o qual todos os outros relacionamentos são estabelecidos e avaliados.

Com essa carta, aprendemos que não devemos impor nenhuma condição para a aceitação das pessoas, a não ser as que Deus coloca para aceitá-las. Paulo está instruindo Filemom sobre como assimilar novos membros, o que significa dispensar cuidadosa atenção, em um ambiente de amor mútuo, empatia e aceitação.

> Deus chamou sua igreja para fazer discípulos de todos os povos por todos os lugares, e isso significa crescimento numérico. Discípulos são contáveis. Portanto, temos o impressionante e ainda assim prático registro deste crescimento numérico no livro de Atos. Lucas nos dá suficiente estatísticas para mostrar que, quando o Espírito Santo atua, a igreja cresce numericamente. Porém não devemos ter o crescimento numérico como a essência da igreja, ou como a única medida da vida de uma igreja e de sua eficiência. Nas parábolas que contou, Jesus nos mostra como manter um equilíbrio bíblico. (Snyder, 1999, p. 29)

Integrar o outro é dar um passo além daquilo que gosto, que penso, que sou. Isso acontece na medida em que é um passo para o outro, um caminhar para o amor mútuo.

> Paulo queria saber algumas coisas concretas [...] acerca da verdade, do crescimento, dos frutos das suas graças, da sua fé em Cristo e do amor por Ele e por todos os santos. Se o amor pelos santos for sincero, então esse amor será liberal e universal para com todos os santos. A fé e o amor, embora sejam sentimentos escondidos no coração, são visíveis pelos seus efeitos. (Henry, 2008, p. 749)

Além disso, a carta é uma exuberante exaltação do evangelho de Cristo. Observemos algumas ênfases indicadas por Lopes (2009):

- **O poder do evangelho**: O evangelho rompe todas as barreiras, quebra todos os preconceitos e transforma o homem.
- **A igualdade do evangelho**: O evangelho de Cristo não somente torna as pessoas iguais, mas também as aproxima.
- **A providência do evangelho**: O caminho sinuoso da fuga se transformou na trilha certa do encontro de Onésimo com Cristo.
- **A graça do evangelho**: Não há caso irrecuperável para o Deus de toda graça. A graça de Deus é maior do que o nosso pecado.
- **O perdão do evangelho**: Filemom deveria receber Onésimo não com punição, mas com perdão, como um verdadeiro irmão na família da fé.
- **A vitória do evangelho**: O pecado destrói relacionamentos, o evangelho reconcilia; o pecado traz prejuízo, o evangelho faz restituição; o pecado faz a pessoa prisioneira, o evangelho a faz livre.

Talvez esse seja o melhor relato de conversão do Novo Testamento que revela tão grande influência social do evangelho na vida de alguém.

3.2 Passos práticos para uma integração eficaz à Igreja

A visão do apóstolo Paulo, com o retorno e a integração de Onésimo, era, sobretudo, protegê-lo para que não afundasse em desânimo e tristeza, vindo a se desviar da fé que abraçara, para que não continuasse a sentir-se desintegrado e desconectado em seu ser. Com efeito, o homem é um ser integrável. Tudo nele está articulado para a integração, como as peças de um quebra-cabeça, pois "quanto mais sou eu mesmo, mais sou único em meus ideais, objetivos e mais sou integrado com meus aspectos afetivo, espiritual e corpóreo. Os conflitos existentes em mim vão se esvaindo na medida em que me conheço mais e que mais estou em conformidade com o todo que sou" (Schirato, 1979, p. 46).

Portanto, ao fazer um apelo direto ao seu amigo Filemom – "Receba-o" (Filemom, 17) –, o apóstolo Paulo indica integração em todas as esferas: afetiva, social, moral e espiritual. *Receba-o* é uma frase curta, mas comovente; pequena, mas profunda. Implica aceitação e acolhimento; diz respeito a receber no círculo familiar, ação que requer:

- **Atenção**: Na família, a atenção é muito importante. É duro ser um joão-ninguém dentro de casa. Logo, para qualquer pessoa, é algo terrível entrar e sair da comunidade de fé sem que ninguém o note.
- **Aceitação**: Uma das necessidades básicas do ser humano é ser aceito. Tentar mudar as pessoas é algo inútil. Portanto, o caminho mais curto é a aceitação, orando e contribuindo para que as mudanças necessárias aconteçam por intermédio de Deus e no tempo d'Ele.

- **Afeição**: Atitude nobre que gera efeitos irresistíveis. Temos de ser afetuosos, esbanjar carinho, especialmente com aqueles que estão chegando à Igreja.
- **Admiração**: Todos nós necessitamos ouvir boas palavras, de elogios e afirmação, que brotam do coração e façam brilhar os olhos. Temos de nos concentrar nas qualidades positivas das pessoas e ressaltá-las sempre.

Filemom foi encorajado a integrar o fugitivo Onésimo de forma calorosa, generosa e aberta, sem relutância ou ressentimento. Teria de recebê-lo com o mesmo grau de afeto que receberia o próprio amigo Paulo. "Se, portanto, me considera companheiro, receba-o como se fosse a mim mesmo" (Filemom, 17).

A integração é fundamental para a sobrevivência de uma comunidade. É chave para torná-la um espaço amigável e acolhedor para quem está chegando:

> *ouvindo o teu amor e a fé que tens para com o Senhor Jesus Cristo e para com todos os santos; para que a comunicação da tua fé seja eficaz no conhecimento de todo o bem que há em nós, por Cristo Jesus. Tive grande gozo e consolação do teu amor, porque por ti, ó irmão, o coração dos santos foi reanimado.* (Filemom, 5-7)

Os versículos anteriores apontam os três elementos indispensáveis à integração de um novo na fé no contexto de uma comunidade cristã:

1. **Fé no Senhor** (relacionamento vertical): Princípio norteador das ações da comunidade.
2. **Amor para com os irmãos** (relacionamento horizontal): Princípio essencial na formação espiritual dos convertidos.

3. **Comunhão** (partilha): Princípio de associação, participação e generosidade que significa tomar parte em algo com alguém. A comunhão é um fato objetivo, que expressa o que temos em comum (Filipenses, 1: 7; 1 João, 1: 3; 2 Coríntios, 13: 14).

A vida comunitária ensinada na Bíblia tem consequências práticas, a começar pela palavra *irmão* (Filemom, 16), uma aplicação plena do princípio da nossa igualdade em Cristo. Em outras palavras, a nova vida em Cristo implica um novo relacionamento, uma nova maneira de tratamento e uma nova atitude em relação ao outro. É assim que os cristãos se tornam uma família para todos; uma nova sociedade de Deus; uma comunidade de fé, amor e esperança (1 Tessalonicenses, 1: 3). Ou seja, segundo São Tomás de Aquino (2012):

- **Fé** é a crença naquilo que não se pode deter prova, imediata e certa, pelo viés sensível; é um salto qualitativo na ordem do saber, quando aderimos confiantemente ao Criador, ao supremo ser – inacessível às cogitações humanas – e passamos a ver tudo sob sua ótica.
- **Esperança**, em sentido resumido, é a crença no que nos foi dito por Cristo em relação à vida eterna. No nosso dia a dia, formulamos as indagações mais fascinantes e mais incômodas, como: Qual é o sentido da vida? Será que o humano é resultado do acaso? Mas, pela virtude da esperança, obtemos as respostas mais interessantes, resolvendo as situações contraditórias da vida, e descobrimos caminhos fascinantes pela perspectiva da revelação bíblica e também a iluminação na busca de sua própria vida.

- **Amor** culmina na consideração do próximo, independentemente de sua condição pessoal, como pessoa com dignidade semelhante a nossa, fazendo-a sentar-se à mesa em que nos banqueteamos. O amor ao próximo é a regra de ouro, a suprema e única norma de conduta.

> A comunhão dos santos não desfaz a distinção de propriedade: apesar de Onésimo agora ser convertido e um amado irmão, continua sendo servo de Filemom, e devedor a ele pelo mal cometido. Ele não pode ser absolvido ou perdoado, a não ser por uma remissão livre e voluntária, ou por uma reparação feita por ele mesmo, ou por alguém em seu favor. Foi isso que Paulo fez em seu favor. (Henry, 2008, p. 749)

Com efeito, o cristianismo não anula nem confunde os respectivos deveres civis, muito pelo contrário: fortalece essas obrigações e conduz a pessoa ao seu desempenho correto. De fato, Onésimo tornou-se um escravo melhor, com princípios melhores e modo de vida melhor, com condição de promover as melhores coisas, pois, pela graça de Deus, ele serviria a Filemom "como ao Senhor e não aos homens" (Colossenses, 3: 23). Sua distinção e vantagem eram de ordem espiritual e moral: partilhava da graça e da fraternidade em Cristo. Onésimo e Filemom estavam unidos no Senhor pela fé.

De volta ao assunto da integração de Onésimo à comunidade de Colossos, vejamos, especificamente, os passos e critérios:

- **Filemom é encorajado a dar boas-vindas calorosas a Onésimo**: "Assim, pois, se me tens por companheiro, recebe-o como a mim mesmo" (Filemom, 17).
- **Comunicar aceitação incondicional ao novo cristão**: "E, se te fez algum dano ou se te deve alguma coisa, põe isso na minha conta. Eu, Paulo, de minha própria mão o escrevi: Eu o pagarei" (Filemom, 18-19);

- **Promover um ambiente acolhedor de liberdade e felicidade**: "Escrevi-te confiado na tua obediência, sabendo que ainda farás mais do que digo" (Filemom, 21).

Na história de integração de Onésimo, aprendemos que o ato de tornar alguém parte e ativo numa comunidade cristã é de vital importância para o seu desenvolvimento espiritual e emocional. Assim como Onésimo, aqueles que chegam à Igreja precisam de um ambiente familiar e acolhedor, que possibilite uma convivência saudável para se sentir útil e frutífero para o Reino de Deus. Logo, o trabalho de integração não é somente uma atividade; não pode se restringir a mais um dos departamentos da Igreja – é, sobretudo, o acolhimento e o cuidado de pessoas, uma ação que visa tornar a Igreja um ambiente fascinante e encantador.

Dessa forma, o processo de integração requer alguns cuidados básicos:

- dosar a exposição do novo cristão;
- não assumir a postura de juiz;
- não criar uma relação de dependência doentia com a pessoa.

Aliás, é normal que o novo na fé facilmente se acomode a uma condição de dependência, criando novas situações problemáticas para ficar dependente do integrador. Por isso, essa pessoa deve ser "adotada" e acompanhada com a perspectiva de emancipação.

Por outro lado, nessa integração social, não basta dizer "eu te amo" e abraçar e beijar o novo na fé. Tudo isso é muito fácil, e até agradável, mas é preciso muito mais: o acompanhador precisa reanimar sua fé e apoiá-lo; cuidar dele como um bebê recém-nascido. A trajetória de Onésimo ilustra o quanto é possível Deus tornar a existência de qualquer pessoa algo vitorioso e sublime. Com efeito, o acompanhamento pessoal-intencional é fundamental na retenção de pessoa na comunidade, já que "o coração dos santos tem sido reanimado por teu intermédio" (Filemom, 7).

A essência do acompanhamento pessoal-intencional é o encorajamento, a edificação e a restauração. É a estratégia bíblica de assistência por meio da qual o novo na fé torna-se plenamente atendido em suas necessidades sentidas. Se a Igreja quer crescer, não pode fazer vista grossa ou passar de largo do recém-convertido. Portanto, como toda família se volta para o bebê por ocasião do seu nascimento, assim devem agir os acompanhadores em relação ao novo na fé. Nada substitui o contato pessoal na evangelização e na integração à Igreja.

Na Igreja, formou-se uma ideia de que estar presente significa estar integrado. Mas nem sempre isso é verdadeiro. Muitas vezes, a pessoa pode estar presente nas reuniões da comunidade, porém ainda precisa desesperadamente se envolver, sentir-se parte. A razão principal dessa deficiência está na falta de acompanhamento pessoal do novo na fé em seus primeiros dias de caminhada cristã, sujeitando-o a naufragar na sua vida espiritual.

Na Igreja contemporânea, há grandes esforços evangelísticos, mas, na hora de cuidar das conquistas, pouco ou nada se realiza. Cabe-nos empregar todos os recursos legítimos para que o novo na fé se sinta perfeitamente integrado e envolvido com a Igreja, para que não venha desviar-se dos caminhos do Senhor. Nesse processo, é indispensável a figura do acompanhador pessoal: aquele que assessora o desenvolvimento na fé e torna-se a pessoa de referência, capaz de fazer, em prol dos recém-nascidos em Cristo, o que outra pessoa não faz.

Sem sombra de dúvidas, a Igreja precisa utilizar os métodos de evangelização e de cuidado dos novos convertidos. Na Bíblia, no

Salmo 142, de alguma maneira, a experiência do salmista ilustra o princípio da integração e do cuidado. Com efeito, o objetivo da integração das pessoas à Igreja é silenciar o versículo 4 e cultivar a ambientação do versículo 3, já que, neste, o salmista declara que foi ameaçado por armadilhas que tentaram derrubá-lo. No versículo 4, ele apresenta a sua queixa, a sua lamentação:

- "Não havia quem me conhecesse" (sentia-se entre estranhos).
- "Refúgio me faltou" (sentia-se desprotegido).
- "Ninguém cuidou da minha alma" (ninguém havia se interessado por ele).

A Igreja deve ser sempre uma espécie de hospital, no qual as pessoas chegam "fraturadas", muitas vezes com emoções machucadas, doloridas, doentes; algumas pessoas chegam moribundas, à beira da morte; outras chegam afundadas em crises tremendas. "Não basta encontrar a ovelha extraviada; é preciso levá-la ao redil para estar com as outras. O filho perdido que volta para ao lar deve tomar o seu lugar a mesa do pai" (Walker, 1987, p. 172), pois ele precisa de uma ambientação que responda às suas carências e necessidades.

Da forma como o apóstolo Paulo instruiu Filemom sobre a integração e o acompanhamento de Onésimo, destacamos os seguintes pontos:

- **Paternidade espiritual**: "Peço-te por meu filho Onésimo, que gerei entre nas minhas prisões" (Filemom, 10).
- **Conexão emocional**: "Eu to envio de volta em pessoa, quero dizer, o meu próprio coração" (Filemom, 12).
- **Valorização pessoal**: "Não como servo; antes, mais do que servo, como irmão amado, particularmente de mim e quanto mais de ti, assim na carne como no Senhor?" (Filemom, 16).

Portanto, a integração é o melhor caminho para resgatar a vocação fundamental do homem segundo o evangelho de Jesus: a vocação de ser pessoa! E ser pessoa implica exprimir-se; ter rosto. É um processo que requer unidade interior e exterior; remete-nos à busca de equilíbrio e maturidade. É uma aprendizagem no uso da liberdade na relação com o outro. É uma jornada consciente em busca da liberdade e felicidade, que requer inter-relacionamento eu-tu, estabelecido por amor mútuo que ajuda a superar as crises do caminho e conduz à maturidade. "A transformação operada em Onésimo lhe dava agora nova inspiração para antigas tarefas. Sua conversão não o isentou de suas responsabilidades, mas o ajudou a cumprir suas tarefas com uma nova motivação e um novo espírito" (Wiersbe, 2011, p. 352).

A experiência do encontro com o evangelho e a subsequente conversão a Cristo envolvem o todo da pessoa, mas a caminhada desse novo cristão requer comunidade, diálogo e compromisso:

- **Comunidade** como espaço para desabrochar, viver e operar a dinâmica da fé e do amor a Deus. A Igreja local é o grande ambiente catequizador pelo exercício da reciprocidade dos fiéis, na busca em conjunto das melhores formas de seguir o Mestre.
- **Diálogo** em clima de celebração da fé. Nesse estágio, a pessoa se encontra no bê-á-bá da iniciação cristã, quando deve se conectar e se transformar para sempre.
- **Compromisso** conjunto com a identidade do discípulo de Cristo. O novo cristão precisa de um espaço saudável para envolvimento e aplicação dos princípios estabelecidos por Deus e deve assumi-los, perante o Senhor, como metas concretas a serem alcançadas.

Na prática, no que consiste integração e acompanhamento pessoal no contexto comunitário?

- Dar assessoramento individual, suportando aspectos de imaturidade do outro e tendo como objetivo o fortalecimento da sua fé em Cristo.
- Proporcionar um ambiente de aceitação e crescimento, com instruções práticas específicas quanto às dúvidas e aos questionamentos que possam apresentar.
- Cultivar nas pessoas a esperança, possibilitando a realização dos sonhos e projetos de vida.

O evangelho de Jesus Cristo promove justiça, paz e valorização humana. Dá um novo significado na vida daqueles que o abraçam e são integrados de forma saudável na vida comunitária: "o qual, noutro tempo, te foi inútil, mas, agora, a ti e a mim, muito útil" (Filemom, 11).

A transformação do evangelho operada em Onésimo lhe dá nova inspiração para antigas tarefas. Paulo está confiante de que Onésimo provará a autenticidade da sua conversão a Cristo e em que tipo de pessoa ele havia se tornado por meio de Cristo, com Cristo nele e em submissão a Ele. Observemos como Paulo faz uma descrição vívida e inspiradora desse acontecimento sobrenatural na vida de Onésimo e de seu forte compromisso com Cristo e Seus caminhos.

> *Talvez ele tenha sido separado de você por algum tempo, para que você o tivesse de volta para sempre, não mais como escravo, mas, acima de escravo, como irmão amado. Para mim ele é um irmão muito amado, e ainda mais para você, tanto como pessoa quanto como cristão. Assim, se você me considera companheiro na fé, receba-o como se estivesse recebendo a mim.* (Bíblia. Filemom, 2003, 15-17)

Certamente, o texto anterior se constitui no âmago da carta; é o toque final do apelo, no qual o apóstolo expõe o milagre do novo nascimento que traz vida nova em Cristo, a qual nunca finda. A ênfase é no retorno de Onésimo a Filemom, e não que aquele havia fugido. Paulo não sugere que Filemom ignore o "crime" de Onésimo. Pelo contrário, ele se oferece para pagar a dívida, fazer a restituição, pois a conversão é motivo forte para pagar as dívidas, guardar as promessas, ser diligente nas suas ocupações e fazer restituição pelos atos praticados anteriormente. Aquele que deseja promover reconciliação, colocando-se entre as partes para promover a paz, precisa ter consciência de que está correndo risco de ter de pagar um preço por se envolver pessoalmente no processo. Ou seja, Onésimo tornou-se um escravo melhor, com princípios melhores e um modo de vida melhor, como já mencionamos, e, por isso, tinha condição de promover as melhores coisas. Na graça de Deus, ele servirá a Filemom "com sinceridade de coração" (Colossenses, 3: 22). Além disso, a distinção e a vantagem de Onésimo eram de ordem espiritual e moral: partilhava da graça e da fraternidade em Cristo. Ambos, Onésimo e Filemom, estão unidos no Senhor, pela fé.

O que Paulo busca é uma integração com propósito para Onésimo. Aquele esperava que este se integrasse tanto na comunidade cristã como na sociedade. Antes de ser cristão, Onésimo era um cidadão. Longe dos cristãos julgarem que as obras desempenhadas pelo talento humano se opõem ao poder de Deus. Aliás, as conquistas do gênero humano são um sinal da magnitude de Deus. Por outro lado, a fé cristã proporciona valiosos impulsos e auxílios para se cumprir com mais excelência a missão de construir um mundo mais humano e mais fraterno.

Sim, irmão, eu gostaria de receber de você algum benefício por estarmos no Senhor. Reanime o meu coração em Cristo! Escrevo-lhe certo de que

> *você me obedecerá, sabendo que fará ainda mais do que lhe peço. Além disso, prepare-me um aposento, porque, graças às suas orações, espero poder ser restituído a vocês.* (Bíblia. Filemom, 2003, 20-22)

O apelo de Paulo ao amigo Filemom para integrar Onésimo vai além de simples tolerância. Filemom precisava deixar de lado qualquer tipo de argumentação quanto às questões duvidosas ou contestar opiniões já formadas acerca de Onésimo. Ele precisava recebê-lo sem tentar resolver os pontos duvidosos que os separaram; a nova posição em Cristo de ambos deveria prevalecer.

Portanto, a integração eficaz cria laços e favorece a comunicação interpessoal e o diálogo. Todo novo cristão sente necessidade desse diálogo.

> *Dialogar supõe bastante paciência e paciência supõe tempo para amadurecer os laços que criam pouco a pouco. Mas, paciência é algo de profundamente desconhecido ao homem de hoje. Este é um apressado. A paciência foi substituída pela tolerância. Ao invés de serem pacientes, as pessoas, hoje, são tolerantes. Suportam-se apenas, já que nem sempre conseguem mudar as situações em que vivem. Ao invés de dialogar, de criar laços, as pessoas vão se afastando umas das outras, vão rompendo os frágeis laços estabelecidos.* (Schirato, 1979, p. 41)

Enfim, os resultados práticos de uma integração eficaz do novo cristão no contexto da comunidade podem ser resumidos assim:

- A integração **permite ao novo cristão congregar e relacionar-se como família de Deus**. Quando a pessoa congrega e integra-se de fato à vida da comunidade, está cumprindo um imperativo bíblico (Hebreus, 10: 23-25) e passa a experimentar uma comunhão marcada pela dependência mútua. Além disso, seu crescimento espiritual passa a ser medido e avaliado por meio do "espelho" da Palavra de Deus.

- Na integração, **o novo cristão é encorajado a ser parte das celebrações corporativas, como parte do povo especial de Deus**. Todos podem adorar a Deus individualmente, mas a adoração coletiva e pública é uma exigência bíblica.
- A integração **leva o novo cristão a se envolver objetivamente com as ordenanças cristãs, ou sacramentos, como a ceia e o batismo**, dando testemunho vivo da sua fé em Cristo. Nenhuma ordenança cristã pode ser observada individualmente, mas apenas numa comunidade, no coletivo. A comunidade local é a estratégia divina para manter as pessoas ligadas à verdade do evangelho de Jesus, estimuladas a viverem no caminho da maturidade doutrinária e dos princípios cristãos.
- A integração dá a **oportunidade de exercitar seus dons espirituais e talentos naturais**. Cada pessoa tem pelo menos um dom; não há pessoas sem dons. Assim, o novo convertido precisa ser auxiliado a descobrir o seu lugar no Corpo de Cristo e a exercitá-lo em benefício uns dos outros (1 Coríntios, 12: 7), pois esse é o propósito divino para todo membro do Corpo de Cristo.

3.3 O processo da formação espiritual

Na história de integração de Onésimo, vemos que o ato de se tornar membro ativo de uma comunidade cristã é de vital importância para o desenvolvimento espiritual de qualquer pessoa. Assim como Onésimo, todo novo convertido ao cristianismo precisa de um ambiente familiar acolhedor, que lhe possibilite convivência saudável, de formação espiritual continuada, no qual ele possa se sentir útil e ser frutífero para o Reino de Deus. Para Walker (1987, p. 171), "a evangelização que não integra os convertidos à vida, à fraternidade e à obra da Igreja, não cumpre o propósito de Deus para eles, para a igreja e para a evangelização".

À semelhança de Onésimo, todo convertido ao cristianismo necessita entrar no processo catequético (do grego *katéckesis*), uma instrução sistemática, metódica e oral, concernente aos princípios fundamentais da fé. A **catequese** é o processo de ensino das crenças básicas e do conteúdo da Escritura Sagrada para o iniciante no cristianismo na sua formação espiritual.

O verbo *catequizar* aparece no Novo Testamento em duas formas complementares: como comunicação de uma notícia (Lucas, 1: 4; Hebreus, 13: 22-24) e como significado estrito de introduzir e instruir nos fundamentos da doutrina cristã (Romanos, 2: 18; Gálatas, 6: 6; Hebreus, 12: 25). O evangelho de Lucas, por exemplo, apresenta o sentido de *catequese* ao afirmar que havia escrito seus livros – o evangelho e Atos dos Apóstolos – a fim de ajudar seu amigo Teófilo no entendimento da verdade do cristianismo (Lucas, 1: 1-4; Atos dos Apóstolos, 1: 1). Assim, o conteúdo da catequese de Lucas consiste, evidentemente, no conjunto dos acontecimentos salvíficos da vida, ensino e missão de Jesus.

A passagem bíblica de 1 Coríntios, 3: 6-10, ilustra bem a metodologia para o processo da formação espiritual. Inclusive pode servir até de roteiro para chegarmos ao objetivo de acolher e formar pessoas na fé:

- **Plantar**: Proclamação da Palavra de Deus, quando a conversão marca a passagem para o cristianismo.
- **Regar**: Acompanhamento no processo comunitário de um cristão – ser e agir.
- **Lançar os fundamentos**: Iniciação nas verdades centrais da fé.

Com efeito, o propósito de Deus na evangelização é o crescimento da Igreja e o desenvolvimento pessoal na fé. Foi nessa perspectiva que Jesus ordenou: "façam discípulos" (Mateus, 28: 19). Uma das formas de cumprir esse mandamento é "ensinando-os a obedecer" (Mateus, 28: 20). Assim, o alvo principal da evangelização e do discipulado não é informativo, mas formativo por meio de relacionamentos que nutrem, e não de relacionamentos que sufocam e estressam o novo cristão. Dessa forma, a formação espiritual deve estabelecer uma relação entre reflexão, prática e ação, no contexto da compreensão do processo de desenvolvimento de cada novo na fé, em suas diferentes dimensões, ou seja, em seu corpo, inteligência, emoção, vontade, sociabilidade e espiritualidade.

A formação espiritual, segundo Jesus, possibilita o salto para uma vivência mais plena do evangelho; é o convite e o desafio à transcendência e ao encantamento da fé em Jesus. A formação humana e espiritual como aprendizagem normalmente não acontece de modo autodidata. Requer processo, orientação e acompanhamento intencional por pessoas mais experientes e mais sábias nos caminhos do Senhor. Por outro lado, nesse processo, ninguém começa do zero. Se todo discípulo começasse sua aventura espiritual do zero, desconsiderando o caminho já percorrido por outras pessoas, certamente não haveria progresso ou, pelo menos, o desenvolvimento seria bastante limitado.

Jesus queria um grupo preparado espiritualmente, equipado para a tarefa de expandir o Reino de Deus, razão por que se propôs a ensiná-los, aproveitando todas as oportunidades que surgiam no cotidiano (Marcos, 10: 17-22; 12: 17-27) e extraindo o conteúdo do ensino da vida diária, apresentado com argumentação simples, linguagem direta e não abstrata – método adequado para a formação de discípulos (Mateus, 5: 13; 6: 28; Marcos, 4: 3):

O discipulado é a nossa oportunidade de utilizarmos os infinitos recursos de Deus. É a chance de mudar nossa vida da mediocridade para uma vida que tenha significado. No discipulado não estamos fazendo um favor a Deus. Ele que está nos fazendo um favor. É vital que o discípulo agarre-se a este importante conceito. (Henrichsen, 2002, p. 28)

Jesus amou os seus discípulos o tempo todo, embora soubesse que um deles era o traidor, outro o negaria e todos o abandonariam na cruz (João, 13: 1-2).

3.3.1 O Salmo 78 da Bíblia e a formação espiritual

A temática da formação espiritual se encaixa bem com o ensino do Salmo 78 da Bíblia, o qual serve de síntese tanto da essência como da educação na fé no Antigo Testamento. Esse salmo torna-se especial por projetar os seguintes elementos da construção da espiritualidade bíblica: conteúdo (lei); discipulador (pais); discípulos (filhos); processo multiplicador (geração).

Lima (2010a) diz que o Salmo 78 tem muito a nos ensinar acerca de como os antigos eram formados na fé. Uma das finalidades desse salmo, portanto, seria mostrar aos israelitas como deveriam aprender com as falhas de seus antepassados e, ao mesmo tempo, definirem as prioridades, para não se tornarem infiéis como aqueles.

O salmo possui três partes gerais, porém, didaticamente, tem uma ordem mais lógica do que cronológica. Na introdução (versículos de 1 a 8), percebemos duas ênfases gerais: o passado e a lei de Deus. O passado é o contexto no qual se encontram importantes lições para o presente e futuro (versículos de 1 a 4), e a lei é o conteúdo a ser ensinado continuamente (versículos de 5 a 8).

Outro aspecto é o fato de ser um salmo histórico, cujo registro das atividades de Deus vai desde a escravidão no Egito até o reinado de Davi. São 1.800 anos de história, na qual se aprende como Deus opera em benefício de seu povo. O propósito do salmista, portanto, é indicar como o aperfeiçoamento espiritual e moral do povo de Deus deve ser sempre alimentado pela confiança, pela alegria e pelo otimismo, mantendo sempre em mente a ligação moral da história. A confiança, nesse caso, gera reciprocidade e vai abrindo novo caminho para o autoconhecimento e para um relacionamento sólido.

Portanto, para cada situação de vida, na história, é necessária uma resposta concreta e particular. Dessa maneira, a formação espiritual se configura numa tarefa delicada de fidelidade à Palavra de Deus e de honestidade ao projeto não humano, mas divino:

> *Povo meu, escute o meu ensino; incline os ouvidos para o que eu tenho a dizer. Em parábola abrirei a minha boca, proferirei enigmas do passado; o que ouvimos e aprendemos, o que nossos pais nos contaram. Não os escondemos dos nossos filhos; contaremos à próxima geração os louváveis feitos do Senhor, seu poder e as maravilhas que fez. Ele decretou estatutos para Jacó, e em Israel estabeleceu a lei, e ordenou aos nossos antepassados que a ensinassem aos seus filhos, de modo que a geração seguinte a conhecesse, e também os filhos que ainda nasceriam e eles, por sua vez, contassem aos seus próprios filhos. Então eles porão a confiança em Deus; não esquecerão os seus feitos e obedecerão aos seus mandamentos.* (Bíblia. Salmos, 2003, 78: 1-7)

Logo de início, podemos constatar que a história das proezas de Deus consiste no mais importante legado espiritual que podemos deixar para a próxima geração: fé num Deus único e verdadeiro, presente na história. No Antigo Testamento, uma das palavras para designar os discípulos de Jesus é *fiéis* ("quem tem fé nele"), que vivem numa relação em que o discipulador assume a missão de caminhar na frente dirigindo, orientando e encorajando. A fidelidade é a expressão mais profunda do cristão. Nessa perspectiva, a formação espiritual é sempre um serviço, e todo serviço cristão deve ser cheio de graça e ternura.

O cristão precisa ter uma visão clara da história da salvação; seu olhar deve estar no passado para aprender a vivenciar o futuro. A formação espiritual é um caminho lento que se faz à luz da experiência. É assim que a Bíblia nos orienta, por meio do Salmo 78, acerca da importância de um discipulado no qual se possa contar a história da salvação: primeiro, para que a nossa geração confie plenamente em Deus e mantenha a memória viva do projeto divino na história; segundo, para que a futura geração seja influenciada positivamente e não repita os erros de infidelidade do passado. Para isso, os filhos precisam ter nos pais um modelo autêntico de fé e santidade.

Para Lima (2010a), o processo do desenvolvimento espiritual é uma experiência pessoal com Deus, no contexto dos relacionamentos mútuos, no qual a fé não se restringe a uma mera confissão teórica da verdade, mas numa coerência de vida. Nesse sentido, nos tempos do Antigo Testamento, o ambiente da formação espiritual era essencialmente o familiar. Quando o salmista afirma: "em parábola abrirei minha boca" (Salmos, 78: 2), quer dizer que passaria a contar os eventos do passado de uma maneira poética e vivencial, num contexto familiar, com aplicações práticas importantes, a fim de mostrar aos seus contemporâneos como formar as gerações futuras com base no conhecimento proveniente da lei do Senhor e das obras maravilhosas de Deus.

A forma como o salmista explica o método da disseminação das maravilhas do Senhor às gerações seguintes é bastante didática. Todo o processo acha-se alicerçado naquilo que os pais haviam aprendido e transmitido com perseverança. Assim, a superficialidade espiritual dos pais normalmente decorre de um ensino deficiente recebido.

Portanto, o formador espiritual deve ser um homem ou uma mulher apegados à palavra e firmes na esperança de que, com a graça de Deus, mesmo em circunstâncias difíceis, continuam caminhando. Essa pessoa deve apresentar algumas características importantes. Vejamos:

- capacidade de comunicação para estimular um coração mais aberto;
- habilidade para ensinar mais com o exemplo do que com as palavras;
- capacidade de adequar-se ao ritmo do discípulo sem negligenciar o conteúdo da palavra;
- orientação para o diálogo e o consenso;
- habilidade para confrontar com amor, corrigindo os erros e apontando o ideal de Cristo.

É possível observar ainda, à luz do Salmo 78, que a primeira grande exigência é para que se preste atenção à instrução do Senhor: "Povo meu, escute o meu ensino; incline os ouvidos para o que eu tenho a dizer" (Bíblia. Salmos, 2003, 78: 1). Isso indica que o método de discipular dos antigos utiliza-se da oralidade para transmitir dois conteúdos essenciais: os feitos do Senhor (Bíblia. Salmos, 2003, 78: 4) e a Palavra do Senhor (Bíblia. Salmos, 2003, 78: 5). O objetivo final dessa instrução é que as gerações vindouras mantenham sua confiança no Senhor e guardem na memória os seus feitos e mandamentos (Bíblia. Salmos, 2003, 78: 7).

As pessoas comuns não possuíam uma cópia da lei; logo, ela devia ser ensinada oralmente, e partes importantes anotadas onde estivessem bem visíveis. Toda a lei deveria, também, ser escrita em pedras caiadas que seriam colocadas em lugares públicos [Deuteronômio, 27: 8; Josué, 8: 32]. (Alexander; Alexander, 2008)

Ainda hoje essa tradição é seguida ao pé da letra pelos judeus ortodoxos. Pequenas cópias de versículos do Êxodo e de Deuteronômio são colocadas em pequenas caixas chamadas, em hebraico, de *tefilin* ("filactérios") e usadas na testa ou no braço. Para a prática do discipulado, é vital que os fundamentos bíblicos sejam geradores de mudanças verdadeiras; para isso, é necessária uma vida devocional de leitura e vivência da Palavra de Deus.

O conteúdo geral da Escritura Sagrada e os atos poderosos da história da salvação versavam sobre os conteúdos que os hebreus deveriam "escutar" ou praticar. É, portanto, da Palavra de Deus que provém nossa confissão de fé. Esse ato deve ser uma clara convicção do que acreditamos para que o seu fim seja disseminar, não apenas viver uma forma litúrgica. Uma confissão de fé não é algo somente teórico, mas também vivencial. O Salmo 78 da Bíblia fornece um esboço simples de uma clara confissão de fé e de como deve ser transmitida dos pais aos filhos, ou seja, entre gerações. A primeira forma de transmissão se encontra no versículo 4 do Salmo 78, que se resume nos "louváveis feitos do Senhor" e nas "maravilhas que fez". A segunda maneira consiste nos estatutos ou na lei de Deus, no ensino, apresentada no versículo 5 do mesmo salmo.

No Antigo Testamento, Deus deu as leis (resumidas nos Dez Mandamentos), que são de caráter permanente, sob a qual o seu povo deveria viver e demonstrar fidelidade ao Senhor. Como descreve a Bíblia no Capítulo 28 de Deuteronômio, a lei está acompanhada de duas consequências básicas: bênção para os obedientes e maldição para os desobedientes. Nesse sentido, ensinar as verdades de Deus não é opcional; é uma questão de sobrevivência da presença de Deus no contexto da família e da Igreja.

> A lei de Deus foi dada com um encargo em particular; os pais deveriam ensiná-la com muita diligência aos seus filhos, para que a Igreja permanecesse para sempre. Também para que as providências de Deus, em misericórdias e juízo lhes dessem ânimo para estarem de acordo com a vontade de Deus. As obras de Deus fortalecem muito a nossa resolução de guardar os seus mandamentos. A hipocrisia é o verdadeiro caminho para a apostasia; os que não corrigirem o seu coração, não serão fiéis a Deus. (Henry, 2002, p. 172)

No processo de formação espiritual, o caminhar do povo de Deus se apresenta como amostra da vigência e da abrangência de um movimento pedagógico de diversas áreas que se concentra numa ação criativa e transformadora. É nesse sentido que a Bíblia (2003), no Salmo 78: 3, afirma: "O que ouvimos e aprendemos, o que nossos pais nos contaram". Ou seja, o povo de Deus não caminha sem esperança nem sem rumo; vive na força de Deus, alimenta-se no vigor do espírito. Assim, passa do transitório para o definitivo, do temporal para o eterno.

Nessa perspectiva, há três ações práticas norteadora desse processo: ouvir, aprender e praticar. Outro aspecto do processo são as expressões: "ouvimos", "aprendemos" e "não os esconderemos dos nossos filhos" (Bíblia. Salmos, 2003, 78: 4), indicando que o salmista fazia parte da história. Ele era um elo na cadeia de transmissão dos feitos do Senhor para a sua geração; estava consciente de que o segredo da vida está na confiança e na obediência estimuladas pela memória.

Nesse ponto, temos o princípio para treinar a próxima geração. Assim como o salmista, precisamos treinar a geração futura de tal maneira que venhamos manter seus corações firmes em Deus para não se esqueçam das suas obras. "É uma boa prática levar o jovem a guardar em sua memória as palavras da Escritura, visto que, no futuro, eles poderão recordá-las muitas vezes, em momento de tentação e tristeza" (Meyer, 2002, p. 300).

Vejamos agora o processo da transmissão dos feitos do Senhor concentrado em quatro gerações apresentadas na Bíblia (2003), no Salmo 78:

- nossos pais: "o que nossos pais nos contaram" (versículo 3);
- nós: "o que ouvimos e aprendemos" (versículo 3);
- nossos filhos: "não os esconderemos dos nossos filhos" (versículo 4);
- seus sucessores: "contaremos à próxima geração" (versículo 4).

3.3.2 A formação espiritual continuada

Antes, a transmissão de conteúdo para a formação espiritual acontecia eficazmente, tanto em ambiente formal como informal, e pais e mentores assumiam a missão de instruir filhos e discípulos no caminho de uma espiritualidade centrada em Deus. Conforme a Bíblia (2003), em Deuteronômio, 6: 6-9, essa formação espiritual continuada:

- requer que a Palavra de Deus esteja em primeiro lugar, encarnada no estilo de vida do formador: "Que todas estas palavras que hoje lhe ordeno estejam em seu coração" (versículo 6);
- implica um formador perseverante na orientação dos discípulos: "Ensine-as com persistência a seus filhos" (versículo 7);
- necessita da transmissão da Palavra de Deus de modo tanto formal como informal: "Converse sobre elas quando estiver sentado em casa, quando estiver andando pelo caminho, quando se deitar e quando se levantar" (versículo 7).

Como será a próxima geração de cristãos? Tudo depende do que estamos transmitindo hoje. Ora, o que observamos, por exemplo, na Bíblia, em 2 Timóteo, 2: 2, é uma linha de transmissão ininterrupta, na qual ninguém pode dar o que não tem nem colher o que não plantou (Lima, 2010a). Reproduziremos alguém tal qual somos, querendo ou não. Muitos podem não se identificar com o apóstolo Paulo quando ele diz: "sejam meus imitadores" (Bíblia. 1 Coríntios, 2003, 4: 16; 11: 1). Piedosamente dizemos para nós mesmos e para as pessoas ao redor: "Paulo estava capacitado a dizer isto, mas eu, certamente, nunca poderia dizê-lo. Melhor é não me seguir, sigam a Jesus Cristo" (Henrichsen, 2002, p. 70). O problema é alguém segui-lo se você desejar que não o siga. Quando você começa a ajudar a pessoa na vida cristã, ela o seguirá naturalmente, como uma criança que segue seus pais, e o mais provável é que ela se transforme no que você é, e não no que diz.

A expressão de Paulo ao jovem Timóteo, "você tem seguido de perto" (Bíblia. 2 Timóteo, 2003, 3: 10), introduz o currículo básico da formação espiritual no Novo Testamento. Observemos que Paulo faz uma retrospectiva, recorrendo ao seu passado de caminhada, no qual Timóteo o estudava de perto, observando seu ensino e exemplo. Na citação anterior, o termo grego *seguido* (do grego *parakoutheo*) se refere a uma entrega total da mente e da vida.

O que Jesus queria dizer quando ordenou aos discípulos: "aprendei de mim"? (Mateus, 11: 29). Independentemente da maneira como respondemos a essa pergunta, devemos começar com passos pequenos. Essa primeira fase da maturidade corresponde à pré-escola de Deus. É comparável ao convite inicial aos primeiros discípulos: "venham e verão" (Bíblia. João, 2003, 1: 39). Essa mesma mensagem simples de boas-vindas foi dada a dois outros indivíduos – Felipe e Natanael (Bíblia. João, 2003, 1: 46; 4: 29). Para evitarmos fazer suposições, começamos com porções básicas nesse nível elementar; não há dúvida, por exemplo, de que Jesus ordenou que seus discípulos o seguissem. (Habermas, 2009, p. 226)

O texto da Bíblia (2003) de 2 Timóteo, 3: 10, começa com o enfático "mas você" (ou "tu, porém"), em que Paulo chama atenção de Timóteo para o contraste de sua vida e dos falsos mestres dos versículos de 1 a 9. "O que tornou Timóteo um gigante nas mãos de Deus foi o fato de ter um referencial de vida cristã diferente da maioria dos referenciais que temos hoje" (Gondim, 2001, p. 21). Isso prova que uma das implicações práticas do discipulado cristão é a imitação. Na Bíblia (2003), em Filipenses, 3: 17, a expressão *meu exemplo* está no singular, com referência a Paulo, mas ele não era o único exemplo de vida cristã para os Filipenses. Havia alguns outros formadores, como Timóteo e Epafrodito, líderes bem conhecidos da Igreja de Filipos, os quais eram também referenciais de vida cristã para aquela comunidade. Não há dúvida de que, além de Paulo, Timóteo e Epafrodito, muitos outros irmãos faziam parte desse maravilhoso time de discipuladores.

O verbo *observem* (Bíblia. Filipenses, 2003, 3: 17) utilizado por Paulo indica a ideia de **observar para seguir**. Com isso, a Igreja local não pode ter uma figura pastoral única como padrão (modelo) a ser seguido (Lima, 2009). São necessários muitos outros irmãos e irmãs piedosos, cujas vidas com Deus sejam imitadas.

> Paulo fala a respeito do seu próprio exemplo como algo a ser seguido. Isto poderia parecer arrogância, mas precisamos perceber que, antes que houvesse o Novo Testamento para os cristãos utilizarem, era vital que existissem modelos a ser imitados. Tanto quanto pregar um evangelho puro para que cressem, era fundamental que Paulo vivesse o tipo de vida cristã que os outros pudessem imitar [...]. Hoje em dia, a nossa situação não é exatamente a mesma, visto que o Novo Testamento funciona como um guia básico para a vida cristã, mas os cristãos ainda são chamados para serem uma "carta de Cristo" (como Paulo expressa em 2 Co 3.1-3),

"conhecida e lida por todos os homens, incluindo muitos que jamais se voltarão para as Escrituras". (Carson, 2009, p. 1889)

A ideia de imitação pressupõe ter alguém para seguir. O convite de Paulo aos Filipenses para imitá-lo – "meu exemplo" (Bíblia. Filipenses, 2003, 3: 17) – é um desafio à Igreja de hoje:

> Observando a vida de Paulo, vemos que ele ensinava as igrejas mediante escritos e ensinos orais. Neste último tipo, ele dava um exemplo vivo, que era mais eficaz do que muitas palavras. Paulo estava comprometido pessoalmente com o desenvolvimento das pessoas que estavam sob sua responsabilidade pastoral. (Lima, 2009, p. 5)

Para que a formação espiritual faça parte da vida diária dos evangelizadores, é importante:

- levar a pessoa que você está discipulando para algumas atividades pessoais como parte do aprendizado (viagens, férias, prática de esportes etc.);
- envolvê-la na vivência diária e no companheirismo da Igreja local, quando você pode observá-la e ser observado;
- convidá-la periodicamente para um almoço ou café da manhã em sua casa, para que se sinta parte da família.

Essas práticas são algumas das formas objetivas de assegurar aos crentes em Jesus uma esfera de aceitação e aprendizado eficaz. As igrejas que não investem na formação espiritual de forma direta e objetiva não estão imitando o Mestre, muito menos cumprindo a Grande Comissão. Isso não é apenas uma opção válida; é um mandato de Jesus: "vão e façam discípulos" (Bíblia. Mateus, 2003, 28: 19). O discipulado foi o método de Jesus para formação espiritual.

Seguir Jesus – seu exemplo e ensinos – é o mais fascinante projeto de vida. Nessa perspectiva, a nossa compreensão da profissão de fé cristã deve ser feita segundo o exemplo de vida deixado por Jesus de Nazaré, o que implica nosso compromisso em imitar sua pessoa e obedecer a seus ensinamentos. Formar-se espiritualmente é o processo de "construir-se" por meio do outro.

Com efeito, "os primeiros seguidores de Jesus experimentaram isto. Seu plano começou com a seleção de alguns poucos homens, com o propósito de darem testemunho acerca de sua vida e prosseguimento ao seu trabalho, depois que retornasse ao pai. João e André foram os primeiros a serem convidados" (Matias, 2010, p. 54). André, por sua vez, trouxe seu irmão, Pedro. No dia seguinte, Jesus encontrou Filipe.

As particularidades que envolvem o chamado dos demais discípulos não ficaram registradas nos evangelhos, mas acredita-se que todas as chamadas tiveram lugar ainda no primeiro ano do ministério do Senhor Jesus. Portanto,

> o que há de mais revelador acerca desses seguidores do Mestre é que, a princípio, eles não impressionam como se fossem promissores ou obter grande sucesso. Poderíamos mesmo indagar como é que Jesus poderia vir a usá-los em seu Reino. Pois, em sua maioria, eram homens comuns, das classes laboriosas, provavelmente sem qualquer treinamento profissional, destituídos dos rudimentos do conhecimento necessário para a sua vocação. (Matias, 2010, p. 55)

3.3.3 A ação integradora da Igreja na formação espiritual

As igrejas locais foram planejadas por Deus para serem comunidades terapêuticas, nas quais a vida de Cristo fluísse e conectasse pessoas, restaurando vidas. A Igreja local, quando saudável, é um lugar de perdão, libertação, aceitação e cura.

Logo, uma ação integradora não pode se restringir a uma atividade administrativa; não é mais um dos departamentos da Igreja, mas, em última análise, acolhimento, acompanhamento e instrução da pessoa. É uma ação que visa criar um ambiente fascinante e encantador para treinar o novo cristão na fé. Com efeito, os novos convertidos precisam de um ambiente acolhedor integrado às instruções básicas, o que pode ser a chave para que ele cumpra seu propósito.

A formação espiritual como temos apresentado concentra-se em relacionamentos comprometidos e pessoais. Isso inclui:

- convivência num grupo pequeno para compartilhar a vida;
- conteúdo adequado aplicado à realidade da pessoa;
- acompanhamento que incentive o desenvolvimento pessoal.

Enfim, quais são as práticas essenciais em busca de uma formação espiritual saudável? Henrichsen (2002) aponta as seguintes propostas:

- faça um estudo bíblico sobre alguma questão de caráter que esteja faltando na vida desta pessoa. Ajude-a ver as perspectivas de Deus no problema;
- crie um ambiente no qual os atributos de caráter desejado se evidenciem; então, é melhor que abrace isso conforme suas próprias convicções;
- peça a Deus que proporcione tais características desejadas a sua vida e à do evangelizando.

Síntese

A integração do novo convertido na comunidade é indispensável para o seu desenvolvimento espiritual. À semelhança de Onésimo, todos os novos convertidos precisam encontrar seu espaço na Igreja local e serem acompanhados de forma intencional.

Somente assim a colheita de almas passa a ser cada vez maior e muda as estatísticas negativas quanto a "perdas" de pessoas. Muitos recebem a Jesus Cristo como Salvador, mas poucos permanecem integrados à vida da Igreja. Há, com efeito, grandes esforços evangelísticos, mas na hora de acompanhar as conquistas, poucos ou nada se realiza.

O propósito do apóstolo Paulo, ao encorajar Filemom para integrar Onésimo – "Receba-o" (Filemom, 17) –, visava, sobretudo, à proteção de Onésimo para que ele não naufragasse em desânimo e tristeza e abandonasse a fé. Filemom deveria acolher Onésimo com o mesmo grau de afeto que receberia o próprio apóstolo. Portanto, nossa integração tem que ser aberta, calorosa e generosa.

Atividades de autoavaliação

1. Nos itens a seguir, marque V para as alternativas verdadeiras e F para as falsas:
   ( ) Um dos significados da palavra *Igreja* (do grego *ekklesia*) se refere a um grupo de cristãos que se reúne numa casa, com o propósito de comunhão, oração, adoração, edificação e encorajamento mútuo.
   ( ) O Novo Testamento não relaciona a experiência da conversão com a integração à comunidade local.
   ( ) No Novo Testamento, quando era proclamado o evangelho e alguém se convertia ao cristianismo, o próximo passo seria pertencer a uma comunidade local, para uma vida em comunhão, como certidão de seu renascimento espiritual e para receber acompanhamento do seu crescimento na fé.

( ) De modo geral, os novos convertidos se integram à igreja sem necessidade de ajuda de mais ninguém.

( ) O crescimento numérico da Igreja local não precisa estar sintonizado com o crescimento espiritual dos crentes.

2. Nos itens a seguir, marque V para as alternativas verdadeiras e F para as falsas:

( ) Paulo instruiu Filemom sobre como assimilar novos membros na comunidade. Isso significa dispensar cuidadosa atenção a essas pessoas num ambiente de amor mútuo, empatia e aceitação.

( ) Ao fazer um apelo direto ao seu amigo Filemom: "Receba-o" (Filemom, 17), Paulo indica a integração em todas as esferas: afetiva, social, moral e espiritual.

( ) A integração não é fundamental para a sobrevivência de uma comunidade.

( ) O objetivo do apóstolo Paulo com o retorno e a integração de Onésimo era, sobretudo, protegê-lo, para que não afundasse em desânimo e tristeza, vindo a se desviar da fé que abraçara.

( ) A verdadeira integração é só espiritual.

3. Nos itens a seguir, marque V para as alternativas verdadeiras e F para as falsas:

( ) A transformação do evangelho operada em Onésimo lhe deu nova inspiração para antigas tarefas.

( ) Paulo não estava sugerindo que Filemom ignorasse o "crime" de Onésimo. Pelo contrário, ele próprio se oferece para pagar a dívida, fazer a restituição.

( ) O apelo de Paulo a Filemom era no sentido de ele ser intolerante com Onésimo; Filemom não precisava deixar de lado qualquer tipo de argumentação quanto às questões duvidosas ou mudar opiniões já formadas acerca de Onésimo.

( ) Na verdade, Paulo queria mesmo era se livrar de Onésimo ao devolvê-lo a Filemom.

( ) Uma boa integração protege o novo convertido para que não abandone a fé.

4. Nos itens a seguir, marque V para as alternativas verdadeiras e F para as falsas:

( ) A ação evangelizadora precisa ter seguimento com a integração do convertido no contexto da Igreja local, no qual ele vivencie a fraternidade cristã e, assim, cumpra o propósito de Deus em ser Igreja.

( ) Quando Jesus ordenou: "façam discípulos" (Bíblia. Mateus, 2003, 28: 19), visou a um grupo preparado espiritualmente, equipado para a tarefa de expandir o Reino de Deus. Por essa razão, propôs-se a ensiná-los, aproveitando todas as oportunidades que surgiam no cotidiano.

( ) O processo do desenvolvimento espiritual é uma experiência pessoal com Deus no contexto dos relacionamentos mútuos, no qual a fé não se restringe a uma mera confissão teórica da verdade, mas numa coerência de vida.

( ) O processo do desenvolvimento espiritual não depende dos relacionamentos mútuos, pois se restringe a uma mera confissão teórica da verdade, sem necessariamente corresponder a uma coerência de vida.

( ) Ser integrado, especialmente numa Igreja local, é vivenciar o sentimento de pertencimento.

5. Nos itens a seguir, marque V para as alternativas verdadeiras e F para as falsas:

( ) À luz do Salmo 78 da Bíblia, o método da formação espiritual dos antigos utilizava-se principalmente da oralidade para transmitir dois conteúdos essenciais: os feitos do Senhor e a Palavra do Senhor.

( ) É óbvio que, na tradição judaica do Antigo Testamento, não havia nenhum interesse na espiritualidade das pessoas; o foco de vida deles era essencialmente social, cultural e político.

( ) Na tradição judaica, a transmissão de conteúdo para a formação espiritual acontecia eficazmente tanto em ambientes formais como informais, nos quais pais e mentores assumiam a missão de instruir filhos e discípulos no caminho de uma espiritualidade centrada em Deus.

( ) A declaração de Paulo ao jovem Timóteo: "você tem seguido de perto" (Bíblia. 2 Timóteo, 2003, 3: 10) introduz o currículo básico da formação espiritual no Novo Testamento. Paulo faz uma retrospectiva, recorrendo ao seu passado de caminhada, no qual Timóteo o estudava de perto, observando seu ensino e exemplo.

( ) A melhor estratégia para ganhar, integrar e manter pessoas na Igreja é o discipulado.

Atividades de aprendizagem

Questões para reflexão

1. Quais foram os quatro enfoques da vida comunitária da Igreja nascente?

2. A ordem "Receba-o" (Filemom, 17) requer quais tipos de ações práticas na integração de alguém a uma comunidade?

3. Quais são os resultados práticos da integração do novo convertido no contexto da comunidade?

4. Segundo o exemplo de Paulo, como processar a formação espiritual de alguém hoje?

Atividade aplicada: prática

1. Desenvolva uma pesquisa com pelo menos dez pessoas da sua comunidade a respeito do sistema de inclusão da sua igreja. Pergunte como ele pode ser melhorado, como as pessoas podem sentir-se acolhidas e amparadas no ambiente da igreja, além de incentivadas a participarem de maneira efetiva.

capítulo quatro

Fundamento da missão evangelizadora cristã

04

"Tendo meditado como Deus nos comunica o evangelho através da Escritura, chegamos agora ao cerne da questão, ou seja, sobre nossa responsabilidade de comunicá-la a outros, isto é, de evangelizar. Mas antes de considerarmos a comunicação do evangelho, precisamos considerar o conteúdo do evangelho que será comunicado. Pois 'evangelizar é divulgar as boas novas'". (Stott, 1983, p. 16)

A missão de evangelizar não é propriedade exclusiva de uma Igreja ou grupo. Todos estamos incumbidos dessa tarefa inacabada. Todos fomos convocados a se aventurar pelo mundo inteiro para fazer discípulos em todas as nações, pois é imperativo multiplicar o número de discípulos de Jesus! Uma evangelização com propósito abre frentes em múltiplas áreas, chamando as pessoas ao arrependimento e anunciando o perdão do pecado e um novo começo nas relações com Deus e com o senhorio de Cristo.

A evangelização é o grande teste de nossa vocação cristã e da nossa fidelidade ao Senhor. Aquele que confessa a Jesus Cristo como Salvador e Senhor não pode deixar de dar testemunho dele. O próprio Jesus instruiu seus discípulos: "Assim como o Pai me enviou, eu vos envio" (Bíblia. João, 2003, 20: 21). Posteriormente, tais discípulos foram descritos como testemunhas do Cristo ressuscitado (Bíblia. 1 João, 2003, 1: 1-2)[1].

Na Bíblia, o livro dos Atos dos Apóstolos narra a história da expansão da Igreja do primeiro século depois de Cristo e como se cumpriu a missão evangelizadora. Jesus era anunciado de diversas maneiras, especialmente pelo estilo de vida: "E, perseverando unânimes todos os dias no templo e partindo o pão em casa, comiam juntos com alegria e singeleza de coração, louvando a Deus e caindo na graça de todo o povo. E todos os dias acrescentava o Senhor à Igreja aqueles que se haviam de salvar" (Atos dos Apóstolos, 2: 46-47)

À semelhança dos primeiros cristãos, fomos chamados para proclamar o evangelho e testemunhar o Cristo ressuscitado. Mas temos de reconhecer nossas barreiras ao evangelismo. Kornfield e Lima (2017, p. 294) destacam várias razões pelas quais não evangelizamos. Vejamos alguns exemplos:

- Não tenho convicção bíblica real do que devo falar de Cristo.
- Tenho medo de ofender ao testemunhar sobre Jesus.
- Não sei falar.
- Não sinto que meu dom é evangelizar (compartilhar de Cristo).
- Tenho receio de não saber como responder às perguntas de pessoas não crentes.
- Não estou totalmente seguro de que meus amigos precisam de Cristo.

---

1   Todas as passagens bíblicas indicadas neste capítulo são citações de Bíblia (2009), exceto quando houver outra indicação.

- O evangelismo de outros crentes me constrange.
- Temo que, se falar, meus amigos me rejeitarão.
- Temo que os outros não aceitem o que vou dizer.
- Não quero ser hipócrita.
- Não sou motivado a testemunhar sobre Cristo.
- Parece-me que o evangelismo é feito somente por seitas e crentes radicais.
- Não quero impor minha fé aos outros.
- Não sou muito bom em conversas pesadas ou espirituais.
- Não sei testemunhar bem. Acho que me sairei mal. Ninguém gosta de falar.
- Não tenho amizades significativas com pessoas não crentes.
- Não estou totalmente seguro de que Cristo é a única forma de chegar a Deus.
- Não me sobra tempo para o evangelismo.
- Quem sou eu para falar? Minha vida não é maravilhosa!
- Meus amigos de verdade não estão interessados na fé cristã.
- Se apoio missões e evangelismo, faço a minha parte.
- Evangelizarei, porém não poderei fazer todo o trabalho.
- Preciso conhecer mais sobre Cristo.

Nesse sentido, como superar as barreiras ao evangelismo?

Para o crente (há mais de cinco anos), a barreira a ser superada no evangelismo pessoal é maior do que a de entrar no discipulado e comprometer-se com suas exigências. Existe a barreira emocional: medo, insegurança. Existe a barreira social: não ter amigos não crentes. Existe a barreira intelectual: não saber como compartilhar o evangelho. Existe a barreira espiritual: dúvida, falta de fé nos poderes e na necessidade do evangelho, falta de conhecimento de como derrotar poderes espirituais. Fora isso, não há problemas. (Kornfield; Lima, 2017, p. 137)

4.1 O método evangelizador de Jesus e a formação de evangelizadores

Várias passagens dos evangelhos identificam Jesus como evangelizador (João, 4: 3; 4: 46; 5: 1). Jesus foi a completa revelação do amor de Deus. Manifestou o amor perdoando, curando, expulsando demônios, ensinando, proclamando as boas-novas e, finalmente, entregando sua vida na morte de cruz, lugar da batalha decisiva entre os poderes das trevas e o amor de Deus revelado em Cristo.

Jesus realizou integralmente a obra do Pai: "Jesus disse-lhes: A minha comida é fazer a vontade daquele que me enviou e realizar a sua obra" (João, 4: 34). Na evangelização, Cristo não se limitou a uma única forma de evangelização; utilizou-se de métodos variados para alcançar seus objetivos. Em Samaria, por exemplo, ele partiu de um indivíduo (a mulher samaritana) para alcançar toda a cidade (João, 4: 28-29), ou seja, da parte para o todo. Em Jericó, adotou uma estratégia parecida (Lucas, 19: 1-10). Na Bíblia, em João, 7: 37-38, no último dia da festa, Jesus utilizou como ponto de aproximação algo absolutamente comum para os judeus de então, que consistia no fato de o sacerdote trazer, em um vaso de ouro, água do tanque do Siloé para o templo, enquanto o povo citava as palavras bíblicas de Isaías, 12: 3. Portanto, podemos perceber que Jesus lançou mão de estratégias corretas e relevantes.

Se partirem, pois, do caminho aberto por Jesus, os cristãos têm o encargo de levar a mensagem do evangelho: Jesus, Salvador e Senhor! Não é uma mensagem a mais que se apresenta como alternativa a tantas outras, mas o único caminho e a única possibilidade de salvação; por isso, é uma ordem, e não uma mera recomendação. Evangelizar é imperativo bíblico (Mateus, 28: 19-20; Marcos, 16: 16-20; Lucas, 24: 47; Atos dos Apóstolos, 1: 8). Porém, à semelhança de Jesus, devemos sair da rotina e partir para uma mobilização estrategicamente coordenada, abrindo frentes evangelísticas em todas as áreas e organizando programas específicos para abranger segmentos distintos da sociedade, como profissionais liberais, estudantes, professores, empresários etc.

Nesse processo, cada membro da comunidade precisa estar imbuído de um sentimento de missão a cumprir, do seu papel evangelizador. Por outro lado, as comunidades devem reestruturar suas reuniões, priorizando o aspecto evangelístico, com ênfase em testemunhos legítimos de conversões genuínas. Seu propósito é a redenção do homem, cuja pedra angular é o sacrifício vicário de Jesus.

A evangelização é tarefa do povo de Deus e está presente em toda a Bíblia. Conforme Soares (2003, p. 27),

> há no Velho Testamento vislumbres missionários, como profecias que se cumpriram no Novo Testamento. A mensagem de Gênesis 12,3: "Em ti serão benditas todas as famílias da terra" era a promessa de Deus para salvar os gentios (Gl 3,8). Isso está ainda mais claro no profeta Isaías: "As ilhas aguardarão a sua doutrina" (Is 42,4). Ou: "E, no seu nome, os gentios esperarão", conforme a Septuaginta, citada em Mateus 12,21. Isso também é visto em Oseias 1,10; 2,23, citado em Romanos 9,25-26. O cristianismo é a primeira religião missionária no mundo."

Portanto, o Messias da expectativa e sonho dos profetas do Velho Testamento se tornou o Cristo na história. Assim, o conteúdo da mensagem do evangelho não é raciocínio humano nem verbalização de uma experiência, mas uma pessoa – Jesus Cristo – diante da qual devemos tomar uma decisão pessoal para salvação. Essa decisão se processa, num primeiro momento, na individualidade, ou seja, é uma decisão absolutamente pessoal. É o *sim* do evangelizado ao plano salvífico de Deus, que representa a aceitação integral do programa de vida abundante de seu filho, Jesus; significa integrar-se à vida da comunidade dos fiéis discípulos do Mestre. Quem aceita o Cristo, aceita também sua comunidade!

4.1.1 Lucas e o método evangelizador de Jesus

O fundamento da missão evangelizadora está na Grande Comissão (Mateus, 28: 18-19), a qual é extensiva, já que não envolve apenas os 12 apóstolos, mas todos os seguidores de Jesus em todos os tempos. O método de Jesus evangelizar está mais bem exemplificado na Bíblia em Lucas, 24: 13-35, na experiência dos discípulos no caminho de Emaús (Joãozinho et al., 1995, p. 22-23). Vejamos.

Caminhar ao encontro de
Consiste no primeiro passo do processo da evangelização. À semelhança de Jesus, o evangelizador precisa aprender a caminhar ao encontro do outro, não importa quem, pois a vida é feita de encontros: encontramos as pessoas em casa, no trabalho, na escola, na rua, na Igreja. Portanto, a evangelização começa quando existe um encontro verdadeiro, facilitado por uma comunicação da boa-nova do Reino de Deus de forma direta e objetiva.

> *E eis que, no mesmo dia, iam dois deles para uma aldeia que distava de Jerusalém sessenta estádios, cujo nome era Emaús. E iam falando entre si de tudo aquilo que havia sucedido. E aconteceu que, indo eles falando entre si e fazendo perguntas um ao outro, o mesmo Jesus se aproximou e ia com eles.* (Lucas, 24: 13-15)

Deus tem um plano de salvação para cada pessoa e quer nos usar como instrumento de facilitação para concretizar seu propósito. Por isso, devemos estar atentos às pessoas que Jesus coloca em nosso caminho. Para Beraldo (1998, p. 45), "a exemplo de Cristo, é necessário que o evangelizador busque estabelecer relações sempre mais profundas e humanas entre si e o evangelizando".

Ver as pessoas com os olhos de Jesus Cristo
Esse foi o passo em que Jesus gastou a maior parte do tempo, indicando que o projeto de evangelização é um chamado para ir além, para aprender a fazer perguntas abertas, despertando a pessoa em relação a sua inquietude da alma. Por isso, o evangelizador deve iniciar um diálogo e escutar mais do que falar. Sem fazer julgamentos, simplesmente deve auxiliar o outro a refletir sobre seu estado de necessidade de Deus. Trata-se de uma escuta com interesse sincero, processo que abre caminho para a Palavra de Deus frutificar na hora certa.

> *Mas os olhos deles estavam como que fechados, para que o não conhecessem. E ele lhes disse: Que palavras são essas que, caminhando, trocais entre vós, e por que estais tristes? E, respondendo um, cujo nome era Cleopas, disse-lhe: És tu só peregrino em Jerusalém e não sabes as coisas que nela têm sucedido nestes dias? E ele lhes perguntou: Quais? E eles lhe disseram: As que dizem respeito a Jesus, o Nazareno, que foi um profeta poderoso em obras e palavras diante de Deus e de todo o povo; e como os principais dos sacerdotes e os nossos príncipes o entregaram à condenação de morte e o crucificaram. E nós esperávamos que fosse ele o que remisse Israel; mas, agora, sobre tudo isso, é já hoje o terceiro dia desde que essas coisas aconteceram. É verdade que também algumas mulheres dentre nós nos maravilharam, as quais de madrugada foram ao sepulcro; e, não achando o seu corpo, voltaram, dizendo que também tinham visto uma visão de anjos, que dizem que ele vive. E alguns dos que estavam conosco foram ao sepulcro, e acharam ser assim como as mulheres haviam dito; porém, não o viram. (Lucas, 24: 16-24)*

Convém ressaltarmos que, nessa relação, precisa ficar evidente o interesse do evangelizador pela vida do evangelizado, ao ouvir atentamente seu drama pessoal e compreender que a conversão é um grande mistério divino, a qual acontece no homem interior. O evangelizador deve relacionar-se não como "dono da verdade", mas como instrumento de facilitação para encontrar a "resposta" em Deus. Esse é o processo de preparar a terra para o plantio da semente, facilitando à pessoa experimentar o novo que procede de Deus: "E no último dia, o grande dia da festa, Jesus pôs-se em pé e clamou, dizendo: Se alguém tem sede, venha a mim e beba. Quem crê em mim, como diz a Escritura, rios de água viva correrão do seu ventre" (João, 7: 37-39).

Comunicar para evangelizar exige estabelecer uma relação pessoal, sem a qual não há comunicação eficaz da boa notícia. Para Beraldo (1998, p. 43),

> nesse processo, a evangelização inicia-se [...] no momento em que o anúncio começa a responder as perguntas, dúvidas e anseios que machucam o coração do evangelizando e que nascem no chão do seu dia a dia.

Na experiência dos primeiros discípulos (João, 1: 39-40), constata-se que Jesus vê, olha e ama; que seu olhar penetra fundo na alma, sem acepção de pessoas, alcançando tanto os que creem como também os que não creem; quem está aberto à graça e quem também continua fechado. "O olhar terno e transparente de pessoa para pessoa fala mais forte do que uma multidão de palavras" (Panazzolo, 2011, p. 47).

Iluminar com a Palavra de Deus
A iluminação é obra do Espírito Santo por meio da Palavra de Deus! Você precisa de discernimento para saber o que compartilhar,

dependente da sua relação com Deus. Assim, a Bíblia precisa fazer parte do evangelizador, que deve habitualmente usar a Escritura Sagrada.

> E ele lhes disse: Ó néscios, e tardos de coração para crer tudo o que os profetas disseram! Porventura não convinha que o Cristo padecesse essas coisas e entrasse na sua glória? E, começando por Moisés e por todos os profetas, explicava-lhes o que dele se achava em todas as Escrituras. (Lucas, 24: 25-27)

Fazer a promoção humana

A promoção humana é acolher o outro. Implica menos discurso e mais ação em favor do necessitado, por meio de uma relação comprometida e pessoal. É muito mais do que a defesa dos direitos humanos, é a promoção da nova vida em Cristo. O pedido dos discípulos *fica conosco* é um convite para aprofundar a relação iniciada no caminho. A evangelização passa pela amizade, por um relacionamento humano mais sólido e profundo. Gastar tempo, gastar a vida. A acolhida faz parte desse tipo de relacionamento. É o momento de regar a semente.

> E chegaram à aldeia para onde iam, e ele fez como quem ia para mais longe. E eles o constrangeram, dizendo: Fica conosco, porque já é tarde, e já declinou o dia. E entrou para ficar com eles. (Lucas, 24: 28-29)

O tratado sobre a comunicação da boa notícia por Jesus Cristo nos obriga a rever as práticas desse comunicador por excelência. Sua comunicação é vibrante e praticada no cotidiano do evangelizando. De acordo com Beraldo (1998, p. 45), "Cristo é o modelo do comunicador eficiente e eficaz, mas, sobretudo, do comunicador sensível, do comunicador que tem compaixão (Mt 15: 32)".

Celebrar a partilha do pão

A relação evangelizador-evangelizado deve ser marcada por uma presença e atmosfera de felicidade autêntica. Deus é celebrativo e devemos ser semelhantes a Ele!

> *E aconteceu que, estando com eles à mesa, tomando o pão, o abençoou e partiu-o e lho deu. Abriram-se-lhes, então, os olhos, e o conheceram, e ele desapareceu-lhes.* (Lucas, 24: 30-31)

Por isso, o ponto máximo da vida cristã é a celebração tipificada na ceia: "Porque, todas as vezes que comerdes este pão e beberdes este cálice, anunciais a morte do Senhor, até que venha" (1 Coríntios, 11: 26). Experimentar a presença de Deus resulta em celebração vibrante, na qual as pessoas se sentem em casa. A evangelização precisa ser viva, inovadora e criativa, num processo em que o evangelizado aprende a celebrar com Deus ao descobrir a pessoa salvadora de Jesus. Evangelizar não é só anunciar a pessoa de Jesus. É preciso levar ao encontro pessoal com Ele.

Rever com novo ardor no coração

O encontro revelador do Jesus ressuscitado provocou uma verdadeira revisão de vida dos discípulos. Enfim, a semente já havia brotado!

Convém ressaltarmos que o ardor no coração era "sentido" ao longo do caminho, mas os discípulos tiveram uma experiência mais intensa com Jesus. Nesse momento de autodescoberta, tudo se tornou mais claro: as questões espirituais começaram a fazer sentido para eles e a vida passou a ter mais sabor, pois começaram a enxergar o projeto de Jesus com outros olhos.

> *E disseram um para o outro: Porventura não ardia em nós o nosso coração quando, pelo caminho, nos falava, e quando nos abria as Escrituras?* (Lucas, 24: 32)

Reagir com nova evangelização

Com efeito, a fé em Cristo traz consigo uma missão que implica estar sempre a caminho. O Espírito Santo é o poder propulsor sobre os novos evangelizadores. Além disso, ele nos impele a formar comunidade! O Espírito de Deus forma a coesão dos que creem.

> *E, na mesma hora, levantando-se, voltaram para Jerusalém e acharam congregados os onze e os que estavam com eles, os quais diziam: Ressuscitou, verdadeiramente, o Senhor, e já apareceu a Simão. E eles lhes contaram o que lhes acontecera no caminho, e como deles fora conhecido no partir do pão.* (Lucas, 24: 33-35)

Na experiência dos discípulos no caminho de Emaús, o diálogo mudou o tom da conversa e seus olhos foram abertos, levando-os fazer uma tremenda profissão de fé (Lucas, 24: 32), indicando pelo menos três critérios adotados no processo evangelístico:

1. ter sinceridade de coração;
2. deixar a pessoa falar o que se passa no seu interior;
3. buscar juntos a verdade revelada de Deus, diante da qual não há espaço para atitude neutra da parte dos pais, ou seja, do discipulador.

Dessa forma, o método evangelizador de Jesus não implica aprender uma regra e aplicá-la. Jesus, com os discípulos no caminho de Emaús, agiu sob a força e dínamo do Espírito Santo, num itinerário dinâmico que procurava alcançar o propósito final: a conversão. Isso demonstra que sua metodologia tem a marca do movimento espiritual e nasce do poder do Espírito Santo. Jesus estava sempre tomando a iniciativa, sempre a caminho, sempre indo ao encontro, construindo passo a passo a vida. Ele ia ao encontro das pessoas necessitadas e as acolhia com amor pastoral. Seu apelo é sempre no sentido de duas condições indispensáveis para ver e entrar no Reino: fé e conversão!

> E, sendo já dia, saiu e foi para um lugar deserto; e a multidão o procurava e chegou junto dele; e o detinham, para que não se ausentasse deles. Ele, porém, lhes disse: Também é necessário que eu anuncie a outras cidades o evangelho do Reino de Deus, porque para isso fui enviado.
> (Lucas, 4: 42-43)

4.1.2 A prática eficaz da evangelização

Em busca de uma prática eficaz, é indispensável realizarmos uma evangelização nos moldes de Jesus. Para isso, devemos conhecer o Seu método. Coleman (2006, p. 14) diz que "as narrativas bíblicas sobre Jesus constituem o nosso melhor compêndio de evangelismo, o único que jamais erra".

> A nossa proposta é participar da missão de Jesus, viver esta missão da mesma forma que ele a viveu, ou seja, caminhando os mesmos passos que ele deu. Qualquer pedagogia ou metodologia que desprezar o método e a ação de Jesus correrá o risco de não alcançar o objetivo proposto, pois, se a igreja primitiva alcançou o crescimento, foi porque seguiu os mesmos passos de Jesus. Assim, sendo, nosso trabalho tem um objetivo bem específico, que é o de aprender com Jesus, aprofundando seus metidos – o como evangelizar. (Santos, 1993, p. 10)

Jesus explica que o Reino de Deus ou a conversão é conquistado à custa de renúncia. Para renunciar a determinados pecados arraigados, o evangelizando continua apegado aos seus falsos valores, sem substituí-los pelos valores do reino.

Vejamos esta citação: "Desde os dias de João Batista até agora, o Reino dos céus é tomado à força, e os que usam de força se apoderam dele" (Bíblia. Mateus, 2003, 11: 12).

Pois bem, para aprofundarmos um pouco mais o entendimento desse texto, atentemos a três pontos:

1. A declaração "tomado à força", de Jesus, é uma metáfora de uma cidade ou castelo envolvido numa guerra e que não pode ser conquistado de modo algum, exceto se for tomado de assalto.
2. A afirmação "os que usam de força se apoderam dele", para se referir ao Reino de Deus, significa que a vida cristã precisa de disciplina, empenho e engajamento. "Talvez o Reino se torne cada vez mais perto de nós, apesar da estreiteza da porta" (Oliveira, 2006, p. 68).
3. Se compreendermos o sentido do texto, embora o céu nos seja dado gratuitamente, é exigido da pessoa um padrão de vida que requer disciplina e perseverança. Quais as implicações práticas desse engajamento em busca do padrão de vida que o céu exige? Podemos dizer que essa vida deve ser marcada por embates e conquistas e, também, que o cristão precisa reunir todas as forças da sua alma e lutar diariamente contra o mal.

Logo no início do seu ministério, Jesus se empenhou em pregar o evangelho (Marcos, 1: 14-15) e a sua pregação consistia basicamente no cumprimento da promessa de Deus profetizada séculos antes. Naquele momento, o tempo apontado pelos profetas havia chegado, por isso Jesus convidou seus contemporâneos a se arrependerem e crerem na boa-nova de alegria. Oxalá nós, como evangelizadores inspirados por essa boa notícia, possamos conduzir muitas pessoas ao Reino de Deus!

A declaração de Jesus "entrai pela porta estreita" (Mateus, 7: 13) é mais do que um apelo moral no sentido estrito do termo. Jesus não está recomendando, apenas, uma vida de sacrifício, de prescrição de regras, dirigida por imposições e condutas a serem assumidas. Se fosse isso, Ele estaria em contradição com toda a novidade de seu evangelho, e era justamente isso o que mais criticava nos fariseus. Portanto, "entrai pela porta estreita" não é adotar pequenas regras de conduta para formar um grupo de pessoas escrupulosas, como parecem muitos cristãos. Trata-se, ao contrário, de assumir o verdadeiro compromisso da construção do Reino de Deus. Esse é o sacrifício que importa. Essa é a exigência fundamental. Esse é o ponto que merece nossa atenção, nosso empenho e a doação de nossa vida. Essa é a "porta estreita".

Mesmo que a evangelização se centralize em Jesus Cristo Salvador, há diferentes maneiras de comunicar o sentido do que significa *evangelizar*. Boff (1991, p. 45) diz que

> *o evangelho não se identifica com as culturas, mas se identifica nas culturas, nunca podendo existir fora de uma expressão cultural, seja articulada por Jesus no universo semítico, seja aquela desenvolvida por Paulo no parâmetro do helenismo e do judaísmo da diáspora, seja dos cristãos dos primeiros séculos, nas matrizes da cultura greco-romana e depois bárbara [...].*

A evangelização como proclamação do evangelho por palavras e ações faz com que o poder de Deus penetre as raízes profundas da cultura e sua subcultura. Boff (1991) indica, por exemplo, quatro significados de evangelização nesse contexto:

1. *Evangelização* significa **testemunhar** a visão de acolhida das culturas por causa de Deus e da obra que Ele fez entre as culturas. Para Boff (1991, p. 39), "ninguém evangeliza ninguém, se primeiro não se comprometer com a vida, com as forças produtoras de cultura que querem ser atingidas pela evangelização.

Não basta estar aí [presente]; deve participar daquela cultura, descobrir nela sentidos de vida, amá-la; por fim ser solidário com ela [...]".

2. A evangelização implica **acolher** teologicamente a religião da respectiva cultura. Boff (1991, p. 40) diz que, "caso não se dialogar com a religião, não se entenderá jamais a referida cultura na sua profundidade e a partir de sua interioridade [...]. Pertence à evangelização a própria prática de Jesus. Ele se sentiu dentro da religião de seu povo".

3. A evangelização deve produzir, no ponto em que se encontra com as culturas, o que o seu nome anuncia: a **boa-nova**! Segundo Boff (1991, p. 41), "o ser humano quer viver e viver sem fim, não como mero prolongamento da vida em sua mortalidade, mas como realização de suas virtualidades que se expressam pelo desejo, pela libido, pela utopia e pela esperança contra todas as desesperanças".

4. A evangelização é também **celebrar** o significado da vida nova em Cristo. "Aí se tomam elementos primordiais de nossa cultura mediterrânea – o pão e o vinho – para significar a vida nova, já atualizada na figura de Jesus e aberta a ser participada por todos" (Boff, 1991, p. 44).

4.1.3 A metodologia evangelizadora de Jesus

Mas qual foi, de fato, a metodologia evangelizadora de Jesus? Coleman (2006) nos auxilia nesse entendimento ao indicar oito princípios orientadores do plano mestre de evangelismo de Jesus. Na realidade, cada fase está subentendida nas anteriores e, de certa forma, todas elas começam com a primeira:

1. **Recrutamento**: Os homens seriam o seu método de conquistar o mundo para Deus (João, 1: 35-51). Dessa forma, aqueles poucos primeiros convertidos ao Senhor estavam destinados a se tornarem os líderes de um movimento.
2. **Associação**: Jesus ficava com os discípulos, e ele era a sua própria escola e o seu próprio currículo (Marcos, 3: 13-14). Todo o ministério de Jesus, portanto, girou em torno dos 12 apóstolos.
3. **Consagração**: Jesus exigia obediência radical (Mateus, 5: 48; Lucas, 16: 13). Obedecer é aprender. A obediência a Cristo era, assim, o próprio meio pelo qual os discípulos aprendiam mais sobre Deus e se capacitavam para anunciar a boa-nova do evangelho.
4. **Transmissão**: Jesus deu a si mesmo; foi uma demonstração de amor. Ele deu daquilo que o Pai lhe dera (João, 15: 15; 17: 4). Tudo o que Jesus fez ou disse foi motivado por esse amor.
5. **Demonstração**: Jesus mostrou aos discípulos como se deve viver (Lucas, 11: 1). Praticamente tudo o que Jesus disse ou fez tinha alguma vinculação com o trabalho do ensino dos discípulos ou explanava alguma verdade espiritual.
6. **Delegação**: Jesus distribuiu o trabalho entre os discípulos. Na primeira missão evangelística dos 12 apóstolos, eles seguiram o método de Jesus (Mateus, 10: 7-10; Lucas, 9: 1-2).
7. **Supervisão**: Jesus supervisionava os discípulos, pois não queria que eles descansassem no sucesso ou no fracasso; sempre havia mais o que fazer e aprender em prol do Reino de Deus (Marcos, 6: 30; Lucas, 9: 10).
8. **Reprodução**: Jesus esperava que os discípulos se multiplicassem (João, 17: 21-23), por isso, criou a Grande Comissão (Mateus, 28: 19).

Na evangelização, Jesus estava sempre atento à realidade da época e às necessidades latentes das pessoas, ajudando-os a romper com o modo de pensar de que somente quem fosse considerado puro era digno de se aproximar de Deus. Em sua prática evangelizadora de acolhimento, Jesus foi paciente e não abandonou ninguém, em nenhuma circunstância:

- tocou os doentes (Marcos, 1: 31-41);
- tocou os mortos (Marcos, 5: 41; Lucas, 7: 14);
- tocou as crianças (Mateus, 18: 2; Marcos, 10: 13);
- comeu com pecadores (Mateus, 11: 19; Marcos, 2: 15);
- comeu com seus amigos, mesmo quando tinham sido infiéis (Marcos, 14: 20; Lucas, 24: 43).

É justamente pelo sistema associativo com as pessoas que se dá o impacto da força do evangelho. Então, para Jesus,

qualquer situação humana era material suficiente para Jesus transmitir um ensinamento. Sua pedagogia parte da observação, da realidade, do cotidiano, refletido ou raciocinando. Analisa fatos e situações bem concretas, envolvendo situações caseiras. Ele ensinava, permitindo que sua mensagem chegasse a todas as pessoas sem discriminação. (Donzellis, 2013, p. 35)

Jesus se encarnou e participou das condições históricas da humanidade. Fez-se homem em tudo. Na sua vida, não se prevaleceu de sua igualdade com Deus. Teve nacionalidade, possuiu família, viveu em seu espaço geográfico, político e religioso. Foi "obediente até à morte e morte de cruz" (Filipenses, 2: 8). Desse modo, o fenômeno da encarnação foi a forma visível de o Verbo Divino manifestar-se e tornar-se conhecido:

No dia seguinte João estava outra vez ali, e dois dos seus discípulos. E, vendo passar a Jesus, disse: Eis aqui o Cordeiro de Deus. E os dois discípulos ouviram-no dizer isto, e seguiram a Jesus. E Jesus, voltando-se e vendo que eles o seguiam, disse-lhes: Que buscais? E eles disseram: Rabi (que, traduzido, quer dizer Mestre), onde moras? Ele lhes disse: Vinde e vede. Foram, e viram onde morava, e ficaram com ele aquele dia; e era já quase a hora décima. Era André, irmão de Simão Pedro, um dos dois que ouviram aquilo de João e o haviam seguido. Este achou primeiro a seu irmão Simão e disse-lhe: Achamos o Messias (que, traduzido, é o Cristo). E levou-o a Jesus. E, olhando Jesus para ele, disse: Tu és Simão, filho de Jonas; tu serás chamado Cefas (que quer dizer Pedro). No dia seguinte, quis Jesus ir à Galileia, e achou a Filipe, e disse-lhe: Segue-me. E Filipe era de Betsaida, cidade de André e de Pedro. Filipe achou Natanael e disse-lhe: Havemos achado aquele de quem Moisés escreveu na Lei e de quem escreveram os Profetas: Jesus de Nazaré, filho de José. Disse-lhe Natanael: Pode vir alguma coisa boa de Nazaré? Disse-lhe Filipe: Vem, e vê. Jesus viu Natanael vir ter com ele e disse dele: Eis aqui um verdadeiro israelita, em quem não há dolo. Disse-lhe Natanael: De onde me conheces tu? Jesus respondeu, e disse-lhe: Antes que Filipe te chamasse, te vi eu estando tu debaixo da figueira. Natanael respondeu e disse-lhe: Rabi, tu és o Filho de Deus, tu és o Rei de Israel. (João, 1: 35-49)

De início, o testemunho de João Batista acerca do Messias, o Ungido, o Cristo, foi mais que suficiente para André e seu companheiro deixarem o seu mestre e seguirem o homem de Nazaré com o qual conversaram aquele dia todo. André, após longo diálogo com Jesus, teve a certeza de que estava diante do Messias prometido nas diversas profecias do Antigo Testamento, por isso saiu logo para anunciar a boa-nova; o primeiro a encontrar foi seu próprio irmão, Simão, a quem declarou convictamente: "Achamos o Messias (que, traduzido, é o Cristo)" (João, 1: 41).

Outro que se encontrou com Jesus foi Felipe. Jesus lhe fez um sublime convite: "Segue-me". Felipe o atendeu imediatamente, por causa da certeza de que era Jesus o Messias. Logo após, Felipe se dirigiu ao seu amigo Natanael: "Havemos achado aquele de quem Moisés escreveu na Lei e de quem escreveram os profetas: Jesus de Nazaré, filho de José" (João, 1: 45). Observemos que Natanael ironiza o anúncio de Felipe, já que a cidade de Nazaré não tinha notoriedade em Israel, senão pela fama de seus habitantes, que eram rudes e ignorantes: "Pode vir alguma coisa boa de Nazaré?" (João, 1: 46). Contudo, Felipe não se deixa levar pela ironia de Natanael, apenas recorre ao elemento da experiência: "Vem e vê" (João, 1: 46). Felipe estava certo de que o amigo não se decepcionaria quando conhecesse Jesus pessoalmente. Tal convicção era fruto da sua curta experiência com o Messias, a qual teve mais peso que o ceticismo do amigo, além de Natanael referir-se ao lugar e o convite de Felipe fazer referência à pessoa. Na sequência, no encontro e diálogo de Jesus com Natanael, Aquele fundiu neste uma profunda consciência de fé, e Natanael descobriu que Jesus de Nazaré é o "lugar" no qual se revela para nós a face de Deus.

A originalidade e a autenticidade da experiência de Felipe com Jesus foi o ponto de partida para segui-lo e sentir-se encorajado a levar outros a fazer o mesmo. De fato, Natanael precisava ter essa experiência e descobrir por si mesmo que Jesus de Nazaré é o único caminho que remete o homem a conhecer a Deus e seus feitos e a se comprometer com as exigências do seu discipulado como itinerário para a superação do ceticismo e de todo preconceito em relação à pessoa de Jesus.

A lição evangelística, nesses casos, é a importância da experiência do outro para nos conduzir passo a passo em direção a Jesus:

> Achegar-se a Jesus é relativamente fácil, como o foi aos discípulos históricos de Jesus. Mas a sua pessoa era uma espécie de escalada, cuja meta não alcançaram senão depois de certo tempo de duro labutar. O primeiro contato é sempre surpresa, e o final permanece velado. Cada um vai buscando suas próprias esperanças, e se encontra sozinho com a esmagadora pessoa de Jesus, a qual se vai entregando. (Calle, 1978, p. 55)

O que Jesus fez, com efeito, foi remodelar os corações dos seus seguidores com amor, ensinando-lhes o caminho para vida:

> Qualquer situação humana era material suficiente para Jesus transmitir um ensinamento. Sua pedagogia parte da observação, da realidade, do cotidiano, refletido ou raciocinado. Analisa fatos e situações bem concretas, envolvendo situações caseiras. Ele ensinava, permitindo que sua mensagem chegasse a todas as pessoas sem discriminação. (Calle, 1978, p. 55)

De acordo com o evangelho de João, Natanael é o quinto discípulo a tomar a decisão objetiva de seguir Jesus integralmente e estabelecer com ele laços de amizade. Os dois primeiros foram André e João (autor do evangelho); o terceiro, Pedro; e o quarto, Felipe. Assim, começa a nova comunidade dos que vão permanecer com Jesus. Segundo Panazzolo (2011, p. 44), o encontro com Jesus "fundamenta o caminho da iniciação à vida cristã. Esse encontro não acontece de forma única e definitiva. É um caminho que convida a caminhar. Trata-se de uma exigência gradual, permanente e destinada a todos e a toda a comunidade".

A cada convite do Mestre, novos encontros continuam acontecendo. Isso nos mostra que o chamado de Jesus, além de uma experiência pessoal, tem uma perspectiva evangelística: a pessoa chamada sai imediatamente para evangelizar outros. Segundo

Calle (1978, p. 55), "os discípulos chegarão a ver, na pessoa de Jesus, o único lugar da revelação de Deus, lá onde Deus se faz presente aos homens. É este o conteudo da última frase que dirige a todos, por ocasião da resposta de Natanael (Jo 1.51)".

Depois da grandiosa surpresa e do impacto experimentado pelo olhar gracioso de Jesus, Natanael fica complemente desarmado em seu ceticismo e reage fazendo uma tremenda profissão de fé em Jesus como seu Salvador e Mestre. "Rabi, tu és o Filho de Deus; tu és o Rei de Israel" (João, 1: 49). Essa declaração de fé no Messias passou a ser a expressão de fé de todos os discípulos de Jesus: logos, caminho, verdade e vida.

Jesus vê a pessoa de Natanael, mas também enxerga a sua história e as circunstâncias nas quais ele estava inserido: "Antes que Filipe te chamasse, te vi eu estando tu debaixo da figueira" (João, 1: 48). Daí, Natanael se depara com o que tanto buscava, o Messias – a promessa realizada.

> *Jesus nos vê e nos olha quando nos aproximamos dele, antes de que nós o vejamos. Seu olhar, que nos envolve e penetra, não é o olhar de um intruso que viola nossa intimidade, nem um olhar de um juiz que condena. É um olhar que ilumina nossas buscas, que não liberta de nossas escravidões, que é o que há de bom em nós e não revela a fonte dessa bondade: o amor de Deus, que nos criou para a comunhão com ele e nos ama desde o começo de nossas vidas no seio materno.* (Barreiro, 2005, p. 95)

À luz desse acerto inicial quanto à internalização da boa-nova e ao processo da formação de evangelizadores, podemos identificar quatro aspectos para quem pretende chegar ao mesmo resultado concreto e mensurável: a conversão do outro a Cristo.

1. **Buscar**: Jesus toma a iniciativa em direção as pessoas; ele está sempre em movimento em busca do que se havia perdido.

2. **Acolher**: O acolhimento de Jesus é motivado pelo seu amor doador e incondicional. Ele acolheu seus discípulos para que estivessem com ele e repartissem com todos sua própria vida (Marcos, 3: 13-14).
3. **Valorizar**: Reconhecer o valor do outro é a chave; implica olhar com atenção e ternura ao que a pessoa tem de bom. Esse aspecto inclui o atendimento à pessoa que procura o evangelizador.
4. **Formar**: De uma maneira geral, a ação evangelizadora de Jesus tem um efeito multiplicador. Jesus chama os discípulos para estarem com ele antes de enviá-los a campo (Marcos, 3: 13-14), pois, para evangelizarem, precisam ver, obsevar, crescer e amadurecer para então frutificar, dar fruto em abundância.

Em síntese, esse foi o itinerário de Jesus na formação de evangelizadores!

Jesus tinha consciência de sua missão evangelizadora, e seu projeto buscava contemplar todas as dimensões do ser humano, com possibilidade de reintegrá-lo socialmente: "O Espírito do Senhor é sobre mim, pois que me ungiu para evangelizar os pobres, enviou-me a curar os quebrantados do coração, a apregoar liberdade aos cativos, a dar vista aos cegos, a pôr em liberdade os oprimidos, a anunciar o ano aceitável do Senhor" (Lucas, 4: 18-19).

A evangelização, segundo o padrão de Jesus Cristo, remete o homem a encontrar o seu sentido pleno na vida. Na prática, a missão de Jesus, com efeito, passava:

- pela evangelização dos necessitados, especialmente os carentes do amor de Deus;
- pela restauração da vista aos cegos, não somente no sentido físico, mas também quanto à capacidade de ver e sentir as necessidades dos outros (Marcos, 8: 22-26);

Fundamento da missão evangelizadora cristã

- pela cura dos contritos de coração, já que o evangelho segundo Jesus Cristo não permite nenhuma forma de escravidão;
- pela libertação dos cativos, pois Jesus liberta o homem das injustiças, especialmente sociais, contra o formalismo da religião opressora e as estruturas sociais viciadas e arcaicas;
- pelo anúncio do Ano da Graça, ou Ano Jubilar do Senhor,

> uma comemoração feita de 50 em 50 anos, ou seja, após cada sete anos sabáticos, que ocorriam de sete em sete anos (cf. Lv 25). [...] era o ano do perdão total; era o ano em que todos tinham oportunidade de reaver seus bens e ter suas dívidas perdoadas [...] Jesus, através de sua evangelização integral, deu aos homens uma oportunidade ímpar de terem o perdão de todas as suas dívidas, ao mesmo tempo que convidou-os a levar o perdão a outros homens: é o perdão total. (Santos, 1993, p. 36)

Avançando sobre o modelo evangelizador de Jesus, vejamos agora como, na prática, seguir o seu exemplo.

4.2 Como evangelizar segundo o maior evangelizador, Jesus

Jesus é o maior evangelizador, e o melhor exemplo prático disso é o seu diálogo com a mulher samaritana, uma considerável evolução na perspectiva da evangelização (João, 4: 9,11,19, 29).

Desconsiderando a situação desfavorável (tempo, lugar, cansaço, fome etc.), Jesus investiu no diálogo com a mulher com um único propósito: levá-la a experimentar a salvação e perceber que o Reino de Deus estava próximo. Sua motivação era fazer a vontade do Pai

(João, 4: 34). Sua consciência de sua missão era maior do que os obstáculos. E foi essa mesma missão que Jesus nos deu: "Ide por todo o mundo, pregai o evangelho a toda criatura" (Marcos, 16: 15).

Mas, logo no início do diálogo, ficou evidente o conflito existente entre os judeus e os samaritanos, ou seja, entre Jesus e a samaritana. Como afirma Santos (1993, p. 60), "aqui estava um grande obstáculo, a princípio, para Jesus, pois, além de ser uma mulher, ela era samaritana e, conforme o costume, não era comum diálogo na rua entre um homem e uma mulher ou entre um judeu e uma samaritana". Os samaritanos eram considerados impuros pelos judeus por causa de sua origem mista, especialmente em relação às várias religiões. Após a tomada de Samaria, capital do Reino do Norte, em 722 a.C., a Assíria deportou diversas colonizações sucessivas para lá, e os novos colonizadores se misturaram com os habitantes locais, introduzindo seus costumes, suas crenças e seus cultos – essa é a origem dos samaritanos. De fato, a relação entre judeus e samaritanos era difícil, pois havia desconfiança, preconceito, hostilidade e rejeição. Tornou-se um conflito histórico que delimitava e excluía uns aos outros.

Talvez seja por isso que o diálogo foi marcado por uma profunda discussão teológica, a qual partiu de questões cotidianas como fome, sede, relacionamentos. Ele rompe barreiras geográficas, culturais e crenças e nos provoca uma análise profunda de como estabelecer encontros e conversas como evangelizadores. Jesus toma a iniciativa e parte de um fato concreto: "Dá-me de beber" (João, 4: 7). Jesus não divaga; não parte de fato irreal, mas de algo que a mulher tinha a sua frente e que lhe era peculiar: a água! Inicialmente, ele quer apenas provocar o diálogo; depois, utiliza outras perguntas para provocar a mulher falar de si, de seus valores e sentimentos!

Ironicamente, Jesus parecia buscar a ajuda da mulher quando, a rigor, era ela que precisava do auxílio dele. Como não era de se estranhar, a mulher ficou surpresa com o pedido da água e reagiu com seu ranço preconceituoso: "Como, sendo tu judeu, pedes de beber a mim, que sou mulher samaritana" (João, 4: 9). Para o povo da Bíblia, dar água a quem tem sede significa acolher a pessoa.

A samaritana, inicialmente, não reconheceu que estava diante do "dom de Deus" (João, 4: 10), o primeiro passo para obter a vida eterna. Esse mesmo princípio foi estabelecido no diálogo entre Jesus e Nicodemos: "aquele que não nascer de novo, não pode ver o Reino de Deus" (João, 3: 3). E, à semelhança de Nicodemos, a mulher teve dificuldade de entender a "água viva" ou sobrenatural à qual Jesus se referia (João, 4: 11-12, 15). Jesus comparou a água natural (que precisava beber para saciar sua sede física) com a água espiritual (que a mulher precisava para saciar sua sede da alma). A samaritana não compreendeu, *a priori*, a linguagem espiritual porque ela estava "presa" ao sentido natural da água. Mas a sua falta de entendimento do mistério da salvação foi uma oportunidade para Jesus insistir sobre uma ideia e aprofundá-la, já que a falta de compreensão do evangelizando é um caminho vivo para a apresentação do evangelho. "Jesus fez com que a mulher formasse uma ideia de Sua pessoa até atingir a realidade" (Santos, 1993, p. 61).

> *Jesus respondeu e disse-lhe: Se tu conheceras o dom de Deus e quem é o que te diz: Dá-me de beber, tu lhe pedirias, e ele te daria água viva. Disse-lhe a mulher: Senhor, tu não tens com que a tirar, e o poço é fundo; onde, pois, tens a água viva? És tu maior do que o nosso pai Jacó, que nos deu o poço, bebendo ele próprio dele, e os seus filhos, e o seu gado? Jesus respondeu e disse-lhe: Qualquer que beber desta água tornará a ter sede, mas aquele que beber da água que eu lhe der nunca terá sede, porque a água que eu lhe der se fará nele uma fonte de água a jorrar para a vida eterna. (João, 4: 10-14)*

Então, devido à dificuldade de a samaritana compreender a linguagem espiritual acerca do ministério da salvação, Jesus tratou de lhe explicar o sentido e o valor da água:

- A pessoa que beber da "água viva" ou sobrenatural nunca mais terá sede.
- Na pessoa que beber da "água viva" se formará uma fonte que salta para a vida eterna.

Até esse ponto do diálogo, temos dois aspectos fundamentais no processo da evangelização:

1. **A abordagem do evangelizador**, que deve ser atual e concreta, aproveitando a realidade do momento do evangelizando, sempre com o uso de uma pergunta. "Nossa abordagem deve ser assim: devemos aproximar-nos da pessoa e questioná-la dentro de sua própria realidade, isto é, sobre algo concreto em sua vida, que ela não tenha como deixar de responder, já que vive a situação" (Santos, 1993, p. 64).
2. **O despertar da motivação do evangelizando**, para levá-lo à confissão de que crê em Jesus Cristo como salvador pessoal. O mais importante não é passar a mensagem, mas despertar o interesse de o evangelizando experimentar o conteúdo da mensagem.

Após a abordagem correta e o despertar da samaritana pela mensagem, inicia-se o seu processo de conversão. De acordo com Bortolini (1994, p. 50), "a novidade de Jesus – 'água viva' em oposição à água parada do poço – suscita na samaritana curiosidade e dúvida: de onde Jesus vai tirar essa água?". No entanto, quando a mulher entendeu a mensagem, seu coração se voltou mais prontamente para Jesus. É óbvio que ela não entendeu tudo o que a "água viva" significa, mas o seu coração se abriu para desejar a água que Jesus lhe oferecia. Essa revelação foi progressiva: primeiro, ela chama Jesus de *judeu*, em seguida, de *profeta* e, por último, de *Messias*.

Como podemos notar, existem casos e ocasiões em que somente o evangelismo pessoal alcança o pecador, pois

> *há pessoas que jamais assistiriam reuniões evangelísticas em templos, ou seja, onde for, devido a preconceitos, falsa concepção, ignorância, ordens recebidas, imposições religiosas, falsas informações, falsas ideias etc. É aí que o evangelismo pessoal presta seus serviços de modo ímpar. Há inúmeras grandes igrejas por toda parte, que começaram através do evangelismo pessoal. A origem foi uma alma ganha, cultos em sua casa e em seguida uma congregação formada. O pioneirismo missionário na América Latina e o estabelecimento da obra das Sociedades Bíblicas também foi assim – através do evangelismo pessoal.* (Gilberto, 1996, p. 8)

O propósito de Jesus no diálogo com a mulher samaritana era partilhar a graça solidária de Deus. Ele se apresenta como doador da água que dá vida aos necessitados e encara o conflito como processo pedagógico, ou um momento para parar, rever e fazer mudanças necessárias. As relações humanas, na perspectiva da graça, são sempre transformadoras, capazes de possibilitar conversão. "Ver e testemunhar, encontrar e falar da experiência do encontro com Jesus são características básicas para o discipulado" (Schinelo, 2005, p. 30).

> *Disse-lhe a mulher: Senhor, dá-me dessa água, para que não mais tenha sede e não venha aqui tirá-la. Disse-lhe Jesus: Vai, chama o teu marido, e vem cá. A mulher respondeu e disse: Não tenho marido. Disse-lhe Jesus: Disseste bem: Não tenho marido, porque tiveste cinco maridos e o que agora tens não é teu marido; isso disseste com verdade. Disse-lhe a mulher: Senhor, vejo que és profeta.* (João, 4: 15-19)

Observemos que o assunto *água* avançou para a vida matrimonial da mulher. Schinelo (2005, p. 30) diz que "diálogos sempre são transformadores. Sempre são motivadores de novas temáticas. Importa que as posturas sejam provocadoras de diálogo, de abertura, de acolhida para que as temáticas que britam a realidade encontrem lugar de reflexão em nossos grupos".

Deliberadamente, Jesus tocou na raiz do problema da samaritana: "Vai, chama teu marido e vem cá" (João, 4: 16). Jesus demonstrou que não compactua com o pecado, mas não acusa a mulher, apenas faz com que ela reflita sobre sua situação de pecado. Ou seja, permite que a mulher conheça sua busca fundamental, e ela a acabou reconhecendo ao lhe pedir a "água viva". Jesus aprofundou a conversa e tocou o cerne do pecado, e este ficou exposto; o resultado veio pela confissão da mulher: "vejo que és profeta" (João, 4: 19). O reconhecimento de Jesus como profeta revela que ela avança no processo de conversão.

No tocante ao assunto delicado dos "maridos" da mulher, Jesus nos deixou o exemplo de como tratar de assuntos dessa natureza na evangelização: ele não deu continuidade à questão nem levantou uma perspectiva moralista. Da mesma forma, no evangelismo, é preciso sempre evitar controvérsias e polêmicas infindáveis. A questão fundamental é: Por que um assunto tão íntimo como esse veio à tona no diálogo? Certamente, porque uma relação de proximidade e confiança havia sido estabelecida entre Jesus e a samaritana. É com essa base que a conversa sobre o evangelho movimenta as profundezas do coração da pessoa.

O resultado prático foi que, após o encontro, a mulher samaritana foi profundamente impactada com a boa-nova de salvação, integrando as dimensões mística e prática de seguir a Jesus. Quando a mulher disse "Eu sei que o Messias (que se chama o Cristo) vem; quando ele vier, nos anunciará tudo" (João, 4: 25), demonstra que, nesse momento, está aberta para o encontro pessoal com Jesus. Então Jesus declara: "Eu o sou, eu que falo contigo" (João, 4: 26). Jesus se revela à mulher. Foi um momento glorioso.

Em seguida, "Deixou, pois, a mulher o seu cântaro, e foi à cidade, e disse àqueles homens: Vinde e vede um homem que me disse tudo quanto tenho feito; porventura não é este o Cristo? Saíram, pois, da cidade, e foram ter com ele" (João, 4: 28-30). A pessoa que foi evangelizada com sucesso, por sua vez, evangeliza. "Esta mulher que gasta tempo com Jesus, dialoga em pé de igualdade com ele e depois, transformada pela relação estabelecida, vai à cidade anunciar o Mestre e as coisas que ele havia falado. Ela vai para além dela" (Schinelo, 2005, p. 42).

Portanto, a mulher reconheceu Jesus como Messias Salvador e imediatamente foi à cidade convidar outros a vir e ver a Jesus. Sua fé cresceu devagar, à medida que ela foi percebendo cada vez mais a verdadeira identidade do Salvador. A conversão, com efeito, se processa gradativamente, como resultado da revelação de quem é Jesus e a compreensão de sua missão. Ou seja, a mulher samaritana:

- foi acolhida sem preconceito;
- teve um ambiente favorável de aceitação para confessar sua insustentável leveza do ser;
- foi absorvendo a identidade de Jesus e se convertendo de dentro para fora;
- testemunhou, voltando-se para aqueles que tinham sede de Deus, a fim de que também tivessem uma experiência com Jesus.

De acordo com Witherup (1996, p. 105), "a fé da mulher atinge o auge quando seu testemunho serve de mediador para que outros venham para a fé. Não simplesmente qualquer 'outros', mas samaritanos, representantes do mundo não judaico mais vasto". Segundo Calle (1978, p. 68), "os samaritanos não necessitaram de sinais para chegarem à autêntica fé cristã: confiaram na palavra do Revelador. Já estão capacitados para receberem o dom da água produtora de vida sem fim, coisa que acontecerá no futuro: 'darei' (Jo 4, 14)".

A evangelização de Jesus é completa: levou a samaritana a um desejo profundo de experimentar a salvação, conscientizou-a do seu pecado e, ainda, transformou-a em uma evangelizadora. Eis o êxito do trabalho missionário: transformar o evangelizado em evangelizador; fazer com que cada homem, após receber o anúncio, transforme-se em evangelizador. Não adianta só evangelizar: é bom, mas não é o bastante. O ideal é transformar os evangelizados em evangelizadores. (Santos, 1993, p. 68)

Em um diálogo evangelístico como esse entre Jesus e a mulher samaritana, precisamos da sabedoria do alto e discernimento espiritual para lidar com os inúmeros contornos da conversa. Jesus conduziu com toda sabedoria e discernimento a conversa, por esse motivo essa experiência evangelística tem sido considerada como o modelo prático sobre como fazer uma boa abordagem evangelística. Duas lições podem ser extraídas desse diálogo:

1. **Apresentar a necessidade espiritual**: Ao pedir água à mulher, Jesus manteve um ponto de contato atual e concreto. Para alcançar a samaritana com a mensagem de salvação, era necessário, primeiro, fazê-la enxergar sua gritante necessidade espiritual. Em algum momento, a mulher tentou mudar de assunto, mas Jesus não se distraiu e continuou a falar-lhe do assunto espiritual da salvação.
2. **Evitar controvérsias**: A pergunta da mulher sobre qual lugar apropriado de adoração (Bíblia. João, 2016, 4: 20), além de ser uma tentativa de mudar de assunto, era uma questão extremamente polêmica, mas Jesus manteve seu foco e respondeu à pergunta fazendo-a enxergar novamente sua necessidade

espiritual, conduzindo-a no assunto principal e evitando uma polêmica infindável. Dessa forma,

> faça tudo para não tomar uma atitude crítica ao falar com um não crente; não discuta com ele. Para isso, é necessária segurança interna – não sentir-se ameaçado pelas ideias da outra pessoa. Em vez de sentir que tem de defender suas próprias ideias, use as da outra pessoa para sondar melhor o coração dela e identificar aonde suas ideias levam-na. Você precisa morrer para si mesmo, suas próprias ideias e preconceitos; assim poderá criar um espaço aberto para que a outra pessoa converse sobre Deus, e ela mesma levante perguntas sobre ele. (Kornfield; Lima, 2017, p. 157)

De fato, todo empenho evangelístico aponta para um tempo de colheita. Nesse sentido, a ilustração da "colheita" feita por Jesus apresentada na Bíblia, em João, 4: 35-38, é intencional:

> Não dizeis vós que ainda há quatro meses até que venha a ceifa? Eis que eu vos digo: levantai os vossos olhos, e vede as terras, que já estão brancas para a ceifa. E o que ceifa recebe galardão e ajunta fruto para a vida eterna, para que, assim o que semeia como o que ceifa, ambos se regozijem. Porque nisso é verdadeiro o dito: Um é o que semeia, e outro, o que ceifa. Eu vos enviei a ceifar onde vós não trabalhastes; outros trabalharam, e vós entrastes no seu trabalho.

Jesus fez uma ligação da colheita com o cumprimento de sua missão de evangelizar. Observe que os discípulos não viam senão terras aradas, prontas para o plantio, ou, no máximo, já semeadas. Os discípulos são uma representação da Igreja.

> O papel da igreja é tanto evangelístico como profético, e não exclusivamente um ou outro. Em um sentido, o evangelismo significa boas novas e a profecia significa más notícias. O evangelismo proclama a oferta

do perdão, uma nova vida em Cristo e um novo estilo de vida em uma comunidade cristã. A profeta proclama que, mesmo que esta oferta seja rejeitada, Deus ainda continua sendo soberano e estabelecerá o seu Reino pela justiça e pelo julgamento. O evangelismo é a oferta de salvação; a profecia é a certeza do julgamento final. (Snyder, 1999, p. 24)

Jesus pede aos discípulos (e a nós) que levantem os olhos e contemplem um tipo de colheita – pessoas perdidas e desejosas de ouvirem a mensagem de salvação – que eles não estavam conseguindo enxergar. A perspectiva de Jesus é espiritual; Ele se refere aos seres humanos (semelhantes lavouras com seus frutos maduros, prontos para colher), pois, para a colheita do trigo, ainda faltavam quatro meses (o tempo entre o fim da semeadura até o início da colheita).

Jesus dá a entender que discípulos precisavam "enxergar" não apenas os samaritanos que se aproximavam aos montes, mas o mundo todo. Nessa perspectiva, Snyder (1999, p. 24) diz:

> *A tarefa evangelizadora não é simplesmente a tarefa individual de cada cristão, mas sim uma função da igreja como a comunidade do povo de Deus. A tarefa evangelizadora da igreja é proclamar ao mundo as boas novas da salvação por meio de Jesus Cristo, fazendo discípulos e construindo e edificando a igreja. [...] O papel da igreja no plano de Deus não termina com a tarefa evangelizadora, mas sim se inicia. Só podemos alcançar o mundo com as boas novas se essa tarefa de evangelização for desenvolvida.*

O que os discípulos haviam "colhido" até aquele momento se devia ao trabalho de outros antes deles. Com efeito, como diz Snyder (1999, p. 46, grifo do original). "O evangelismo bíblico deve ser baseado na igreja. Isso significa que este evangelismo deve causar um crescimento na igreja, e a vida e o testemunho desta igreja devem produzir evangelismo. Deste modo, a igreja é tanto o

agente quanto o **propósito** do evangelismo". Portanto, ninguém pode reivindicar o crédito pelo êxito de qualquer missão espiritual. A colheita pertence tanto ao semeador quanto ao ceifeiro. É impossível que outros sejam uma referência à longa cadeia de profetas que prepararam o caminho, entre os quais João Batista foi o último.

Jesus alerta seus discípulos que, logo mais, após a sua morte e ressurreição, eles devem entrar em ação e, assim, passarão a colher muitos frutos para o Reino de Deus. Eles devem focar no fato de que "Aquele que colhe já recebe o seu salário e colhe fruto para a vida eterna" (Bíblia. João, 2003, 4: 36). Ou seja, o ceifeiro de pessoas para o Reino de Deus fica satisfeito ao ver os outros experimentarem a gloriosa vida eterna. Como sabemos, "os evangelistas do Novo Testamento eram testemunhas verbais fiéis principalmente porque a comunidade cristã era uma testemunha fiel, no seu dia a dia e nas suas ações no mundo. Testemunho e comunidade andam juntos" (Snyder, 1999, p. 46).

Em suma, os discípulos de Jesus foram treinados pelo próprio Senhor na arte de evangelizar. Coleman (2006, p. 81) afirma: "Tal como a águia ensina os seus filhotes a voarem, empurrando-os do ninho, assim também Jesus empurrou seus discípulos para o mundo, para experimentarem as suas próprias asas".

4.3 Propostas evangelísticas contemporâneas

Em busca de um evangelismo relevante e resultados mensuráveis, devemos levar em conta três dimensões do crescimento da Igreja local:

1. **Crescimento quantitativo (numérico)**, que pode ser alcançado pela aproximação das pessoas à comunidade, as quais são integradas de forma eficaz e impactadas pelo poder do evangelho, especialmente pelo testemunho dos outros membros da Igreja.
2. **Crescimento qualitativo (moral e espiritual)**, que pode ser conquistado pelo cuidado pastoral adequado aos membros da Igreja. Os grupos pequenos ou as células consistem numa excelente estratégica, pois se constituem num espaço de comunhão e edificação da fé por meio da palavra. "Muitos problemas do rebanho são resolvidos com desabafos, intercessão ou exortações amorosas, o que pode acontecer muito bem nos grupos pequenos" (Kornfield; Araújo, 1995, p. 44).
3. **Crescimento orgânico (em unidade)**, que pode ser alcançado com a comunhão e a participação significativa, as quais implicam mobilidade no uso dos dons espirituais. O crescimento orgânico acontece de modo proporcional à participação dos membros no Corpo de Cristo. O propósito de Deus sempre foi de unificar o seu povo. O ideal de unidade de Jesus é bastante elevado, pois o espelho é a unidade existente entre as três pessoas da Divindade: Pai, Filho e Espírito Santo.

Sobre o crescimento orgânico, por meio da unidade, o povo de Deus dá um testemunho poderoso para o mundo. Jesus ensina que é mais fácil o incrédulo vir a crer nele quando há amor entre seus discípulos e devoção e unidade entre os que professam o nome de Jesus. A unidade, para Jesus, tem um propósito específico, a evangelização: "Para que todos sejam um, como tu, ó Pai, o és em mim, e eu, em ti; que também eles sejam um em nós, para que o mundo creia que tu me enviaste" (João, 17: 21).

Dessa forma, "Jesus vê a unidade orgânica do seu povo como algo e caráter vital em todas as épocas da história da Igreja. Mas qual é a unidade pela qual Jesus orou? Não é uma unidade apenas subjetiva, mas visível, que até o mundo pode ver" (Lima, 2018, p. 52). Como diz Haering (1977, p. 10), "somos enviados a levar o evangelho da reconciliação a um mundo polarizado e dilacerado". Com efeito, "o mundo 'enxerga' a Jesus através da nossa unidade. Podemos pregar o amor de Deus ao mundo, mas se o mundo não nos vê praticando esse amor, de nada adianta" (Lima, 2018, p. 59-60).

> *O discípulo enviado a difundir a mensagem de alegria leva consigo a lei mediante a nova vida em Cristo que lhe foi dada pelo Espírito (cf. 1 Co 1, 29). Essa novidade desconcertante e maravilhosa do amor de Deus e da lei do Espírito ocupa lugar absolutamente central e dominante na pregação dos apóstolos das gentes.* (Haering, 1977, p. 10)

Um dos melhores exemplos práticos do princípio da unidade como testemunho evangelizador pode ser observado na maneira de ser Igreja dos primeiros cristãos, os quais se uniram uns aos outros na frequência regular às reuniões de ensino dos apóstolos, no exercício da comunhão e da oração, além de cultivarem um profundo respeito por Deus. O resultado disso foi que a cidade inteira de Jerusalém celebrava uma significativa admiração ou simpatia por eles, e cada dia o próprio Senhor Jesus acrescentava à comunidade dos fiéis todos quantos estavam sendo salvos.

> *E perseveravam na doutrina dos apóstolos, e na comunhão, e no partir do pão, e nas orações. Em cada alma havia temor, e muitas maravilhas e sinais se faziam pelos apóstolos. Todos os que criam estavam juntos e tinham tudo em comum. Vendiam suas propriedades e fazendas e repartiam com todos, segundo cada um havia de mister. E, perseverando unânimes todos os dias no templo, e partindo o pão em casa, comiam*

juntos com alegria e singeleza de coração, louvando a Deus, e caindo na graça de todo o povo. E todos os dias acrescentava o Senhor à Igreja aqueles que se haviam de salvar. (Atos dos Apóstolos, 2: 42-47)

A moral da história: o mundo não pode ver Deus, mas pode ver os seus seguidores, a maneira como se relacionam expressando o amor de Deus uns aos outros. Portanto, quando a comunidade do povo de Deus "perde" a dimensão da unidade espiritual pela qual Jesus orou (João, 17), as consequências são:

- o evangelho é pregado com base nas competições e divisões das pessoas;
- cria-se a ideia equivocada, para o mundo, de que Cristo está dividido;
- demonstra-se que Jesus Cristo não conta com a fidelidade do seu povo;
- a verdadeira natureza do propósito de Jesus deixa de ser revelada.

Dessa forma, toda atuação no Reino de Deus deve fundamentar-se, antes de tudo, numa disposição em abrir mão de privilégios pessoais para preservar a unidade do Espírito Santo.

Os cristãos têm motivo de sobra para amar uns aos outros e para viver em harmonia. Cremos no mesmo Salvador, compartilhamos da mesma glória e, um dia, desfrutaremos o mesmo céu! Pertencemos ao mesmo Pai e desejamos realizar a mesma obra: testemunhar ao mundo perdido que somente Jesus Cristo pode salvar do pecado. Apesar de diferimos em questões doutrinárias de menor importância, cremos na mesma verdade e seguimos o mesmo exemplo que Jesus deu a seu povo de modo a viver em santidade. Por certo os cristãos têm suas diferenças, mas temos muito mais coisas em comum, e isso deve servir de estímulo para amarmos uns aos outros e provermos a unidade espiritual. (Wiersbe, 2008, p. 479)

O evangelho não faz opção pelos pobres; ele é a boa notícia para todos que se encontram destituídos da presença salvadora de Deus em Cristo Jesus. O evangelho é para todos: pobres, ricos e poderosos. Tem o objetivo de conscientizá-los de sua miserabilidade espiritual para que, sendo salvos, se sintam verdadeiramente benditos no Reino de Deus.

4.3.1 As quatro leis espirituais

A partir de agora, veremos algumas práticas evangelísticas do mundo contemporâneo. Vamos começar com as chamadas *quatro leis espirituais*, resumidas por Kornfield e Lima (2017, p. 246, 317).

Para você realmente estar à vontade com as quatro leis, precisa ter argumentos que ajudem a convencer, na prática, a pessoa da força inquebrável de cada lei. Existem leis morais que regem os conceitos a respeito do certo e do errado e também há leis físicas que regem o universo para que exista uma ordem; o mesmo se aplica ao contexto da espiritualidade.

Primeira lei espiritual: Deus tem um profundo amor por suas criaturas.
Porque Deus amou o mundo de tal maneira que deu o seu Filho unigênito, para que todo aquele que nele crê não pereça, mas tenha a vida eterna (João, 3: 16).

A decisão de acreditar em Deus e em Cristo é uma opção individual.

Segunda lei espiritual: Todos pecaram e carecem da glória de Deus (Romanos, 3: 23).
Deus, na sua infinita bondade, quer se relacionar com os seres humanos. Só que algumas coisas atrapalham esse relacionamento:

o pecado e a transgressão desobediente, que fazem a separação entre Deus e suas criaturas. Para que essa atitude de desobediência seja resolvida, precisa haver perdão e restauração.

Deus é santo e ama aqueles que vivem em santidade.

Terceira lei espiritual: Jesus é a solução para aqueles que precisam do perdão.

E, assim, "o sangue de Jesus Cristo, seu Filho, nos purifica de todo pecado" (1 João, 1: 7). Ele ressuscitou dentre os mortos: "Cristo morreu por nossos pecados [...] foi sepultado e [...] ressuscitou ao terceiro dia, segundo as Escrituras" (1 Coríntios, 15: 3-4). Ele é o único caminho: "Disse-lhe Jesus: Eu sou o caminho, e a verdade, e a vida. Ninguém vem ao Pai senão por mim" (João, 14: 6).

Deus retirou o abismo que nos separava dele, ao enviar seu filho, Jesus Cristo, para morrer na cruz em nosso lugar. Não é suficiente conhecer essas três leis...

Quarta lei espiritual: Precisamos receber Cristo.

"Mas a todos quantos o receberam deu-lhes o poder de serem feitos filhos de Deus, aos que creem no seu nome" (João, 1: 12). Recebemos Cristo pela fé: "Porque pela graça sois salvos, por meio da fé; e isso não vem de vós; é dom de Deus" (Efésios, 2: 8-9). Também recebemos Cristo por meio de um convite pessoal, e Ele afirma: "Eis que estou à porta e bato; se alguém ouvir a minha voz e abrir a porta, entrarei em sua casa" (Apocalipse, 3: 20).

Aceitar a Cristo como Senhor e Salvador implica a renúncia ao pecado e a disposição sincera de obedecer a todos ensinamentos de Jesus.

O processo de evangelização requer inserção do crente nas mais diversas esferas da sociedade, possibilitando proclamar o evangelho não somente em palavras, mas também em ações, revelando o novo estilo de vida em Cristo. A sociedade contemporânea, em geral, com sua superestrutura ideológica (pensamento, ideias, valores, ordem política e jurídica) se manifesta oposta à proposta evangélica. É uma sociedade que se caracteriza por um forte materialismo consumista, segundo o qual muitos investem tudo naquilo que nada mais é senão uma promessa vazia. As pessoas exibem o corpo, mas não encontram a alma; anseiam por *status*, mas as relações tornam-se cada vez mais superficiais e passageiras. Por isso, vivem à procura de norte e, apesar da síndrome do individualismo, seu interior se move a um chamado comunitário. Existe um clamor desesperado e silencioso por autenticidade, integridade e verdade. "Não há nada mais contrário ao evangelho do que a preocupação com os ritos vazios e com os gestos exteriores que não levam a mudança interior. A crítica constante de Jesus aos fariseus concentra-se nesse ponto" (Oliveira, 2006, p. 48).

Logo, os evangelizadores precisam adotar uma inserção focada na pessoa. Jesus era, sem dúvida, um evangelizador com foco na pessoa. As páginas dos quatro evangelhos estão repletas de exemplos da atuação evangelística de Jesus, na qual a pessoa está acima das coisas.

Jesus, para evangelizar os homens, primeiro se fez homem: vestiu-se de pele humana, tornando-se homem em tudo, exceto no pecado. "E o verbo se fez carne e habitou entre nós" (João, 1: 14).

A encarnação de Jesus é a aceitação plena da condição humana, renúncia total de si mesmo: "que, sendo em forma de Deus, não teve por usurpação ser igual a Deus. Mas aniquilou-se a si mesmo, tomando a forma de servo, fazendo-se semelhante aos homens; e, achado na forma de homem" (Filipenses, 2: 6-7). Jesus conhecia o homem e sabia de sua realidade.

Ademais, em Jesus Cristo, amor e evangelização caminham juntos. De acordo com Santos (1993, p. 31),

Jesus não evangelizou para amar, e sim amou para evangelizar. Creio ser este, hoje, um grande pecado nosso: queremos evangelizar, sem antes amar; não queremos nos comprometer, queremos simplesmente transmitir a Palavra – é mais fácil e menos comprometedor. No entanto, precisamos inverter esta sequência. A nossa evangelização terá muito mais força quando os evangelizadores amarem profundamente os evangelizandos.

O projeto evangelizador de Jesus estava preocupado de forma significativa com todas as dimensões do ser humano, com um genuíno interesse de religá-lo a Deus e reintegrá-lo socialmente. A evangelização, segundo o padrão de Jesus Cristo, remete o homem a encontrar o seu sentido pleno na vida. Essa é uma questão fundamental.

A encarnação do verbo (João, 1: 1, 14), de certa forma, foi inculturação de Jesus no mundo, sublinhando sua fragilidade e sua mortalidade. *Verbo*, do grego *logos*, que significa "palavra", é a "Designação que João dá a Cristo (Jo 1.1-3). Jesus é a Palavra de Deus! Ele é a ação executiva da Divindade. Por seu intermédio, todas as coisas foram criadas e através dele, subsistem" (Andrade, 1998, p. 287).

Deus se fez homem por meio de seu Filho Jesus Cristo. Não julgou como usurpação ser igual a Deus; antes, a si mesmo se esvaziou, assumindo a forma de servo — esse é o conceito bíblico da encarnação (Marcos, 9: 5; Lucas, 16: 9; Apocalipse, 7: 15).

Em nossa missão de evangelizar, é indispensável conhecer não apenas Deus, mas também a realidade do homem. Assim, é possível formar evangelizadores, que, por sua vez, serão capazes de capacitar outros segundo sua própria realidade. O apóstolo Paulo assimilou e colocou em prática esse passo de Jesus, obtendo excelentes resultados: "E o que de mim, entre muitas testemunhas, ouviste, confia-o a homens fiéis, que sejam idôneos para também ensinarem os outros" (2 Timóteo, 2: 2).

4.3.2 Elementos básicos da missão evangelizadora

A verdadeira evangelização se processa, primeiro, pelo testemunho de vida, que se manifesta e se cultiva na comunidade visível e se concretiza no anúncio da salvação. Ora, se o modo de vida da sociedade contemporânea deixa frustrações, solidão, estresse e insatisfação, o evangelho vem anunciar o amor de Jesus! À semelhança deste, o "evangelizador deve estar encarnado em sua realidade para alcançar esse homem em sua totalidade" (Santos, 1993, p. 18).

Enfim, vejamos dois elementos *básicos* para uma missão evangelizadora eficaz.

Testemunho pessoal

A evangelização pessoal ainda é, por excelência, o método mais eficaz. Nenhuma estratégia, por mais articulada que seja, pode substituir com a mesma eficiência o contato pessoal na partilha do evangelho. Por outro lado, é a estratégia mais simples e com menor custo, pois é fruto do amor apaixonado por Jesus.

A questão é como iniciar uma conversa evangelística com pessoas não crentes!

> *O início de tudo é ganhar o coração de Jesus para as pessoas ao seu redor. Você precisa sentir a compaixão dele (Mt 9, 36; Mt 14, 14). Precisa se entregar em oração em favor dessas pessoas, até que essa compaixão brote e transborde de seu coração. Apenas depois disso vale a pena apreender e caminhar nos passos práticos evangelísticos. As pessoas geralmente não se importam quanto ao que você conhece, até que conheçam o quanto você se importa. O início de toda conversa evangelística é criar um espaço seguro, no qual a pessoa se sinta à vontade para falar de coisas pessoais. O clima inicial precisa ser leve, para descontrair o*

ambiente. Um ponto de partida é fazer perguntas para conhecer a pessoa (Mt 11, 7-9; 13, 36), como também abrir sua própria vida para a pessoa. (Kornfield; Lima, 2017, p. 23)

No evangelismo pessoal, além do uso correto dos pontos de aproximação e da compreensão da necessidade humana, o testemunho pessoal é preponderante, pois corresponde à coerência de vida, ao modo de ser e agir do evangelizador, no contexto no qual está inserido: familiar, do trabalho ou da sociedade em geral. Fazer aquilo que anuncia é a chave para tornar o interlocutor mais acessível ao diálogo e fazer com que reconheça sua necessidade de conversão.

Compartilhar nossos testemunhos pessoais é a forma mais persuasiva de comunicação da mensagem do evangelho. Para Kornfield e Lima (2017, p. 441):

> *Seu testemunho fará sentido para a outra pessoa se já existe curiosidade da parte dela sobre coisas espirituais. Você cria esse "espaço divino" ou "curiosidade divina" e amplia-o com seu testemunho. Se você foi convertido na infância, pense num momento como adolescente, jovem ou adulto, quando Deus mudou a sua vida de forma significativa. Se você foi convertido na juventude ou já adulto, explique como era a sua vida antes de receber a vida eterna, selecionando um ou dois conceitos opostos a seguir para ser o tema de seu testemunho.*

O passo inicial é ter uma experiência com Deus, já que a sua graça salvadora se apresenta de maneira sobrenatural. Quando a pessoa é alcançada pelo amor de Deus, sua vida muda e seus valores relacionados com a vida cristã se evidenciam por meio de um novo modo de vida. Uma mudança de coração, mente e atitudes marcam a pessoa que foi alcançada pela graça salvadora de Jesus.

Portanto, a experiência de salvação é marcante, pois estimula o indivíduo a contá-la para todos, já que seu desejo é que todos tenham o mesmo benefício.

Por meio de seu testemunho, o evangelizador pode fazer conexões entre a história do evangelizando e a sua. Essa é uma excelente ponte para a conversa fluir, de forma direta e incisiva. Ajuda-nos muito a utilização destas duas perguntas diagnósticas:

1. Você já chegou a um ponto da sua vida espiritual em que poderia afirmar com certeza que, se morresse hoje, iria para o céu?
2. Suponhamos que você morresse hoje e comparecesse diante de Deus, e Ele lhe dissesse: por que eu deveria permitir que você entre no meu céu?

De acordo com Kornfield e Lima (2017, p. 75),

as duas perguntas diagnósticas são uma transição natural para compartilhar o evangelho. Mesmo se você não tiver tempo ou oportunidade de compartilhar o evangelho, as perguntas continuarão dentro da pessoa não crente como uma bomba-relógio que pode explodir a qualquer hora. Na conversa com a pessoa, diga a ela: "posso fazer uma pergunta para você?" Se ela dizer que sim, faça a primeira pergunta.

Tal como nos tempos bíblicos, atualmente é indispensável a inculturação do evangelho para a prática atual da evangelização.

Inculturação do evangelho
O anúncio do evangelho pode ser resumido assim: o Jesus encarnado, morto, ressuscitado e glorificado. Esses aspectos são essenciais e indispensáveis para que haja a verdadeira evangelização. A comunicação da mensagem do evangelho deve ter como fio condutor a inculturação, pois, como já falamos, transforma pessoas e culturas.

Nesse processo, a Palavra de Deus é a ferramenta básica do evangelismo, sob a direção do Espírito Santo. Hoje, este continua sua ação por meio dos evangelizadores, quando encontram as pessoas ou são encontrados por elas. Portanto, todo evangelizador precisa ter convicção acerca da verdade do evangelho que está anunciando e contar com a intrepidez do espírito. O apóstolo Paulo, por exemplo, utilizou em várias ocasiões seu testemunho pessoal para compartilhar as boas-novas, com muita convicção e poder do Espírito Santo (Atos dos Apóstolos, 22, 26).

De acordo com Boff (1991, p. 24), *inculturação* "é o processo mediante o qual a cultura assimila o evangelho a partir de suas próprias matrizes culturais; só assim se dá uma verdadeira evangelização, como encontro entre uma determinada cultura e a proposta evangélica".

É bom entendermos que a inculturação implica identificar-se evangelicamente com a cultura do povo. Por isso, devemos reconhecer seus padrões de comportamento para aproximarmo-nos das pessoas. Devemos ver sua autenticidade, seu modo de viver, de comer, sua parte, seus valores (que devem ser resgatados e respeitados como patrimônio de cada povo), que marcam as deferentes maneiras de solucionar os problemas. Segundo essa cultura, podemos evangelizar esse povo.

Portanto, a inculturação do evangelho deve ser encarada como um processo no qual Jesus precisa ser encarnado por meio do seu povo, estilo de vida e testemunho, visto que o evangelho não é apenas expositivo, não é apenas catecismo, nem é apenas estilo narrativo ou teológico, mas, fundamentalmente, encarnacional. Ou seja, a evangelização inculturada tem como meta comunicar Jesus traduzido em palavra viva na pessoa do evangelizador. Por esse motivo, não podemos pensar que o processo evangelizador venha substituir uma cultura por outra, pois as culturas devem ser respeitadas como patrimônio de cada povo.

Há uma coisa que precisa ser esclarecida neste ponto. O que faz a Igreja crescer não é a capacidade humana, mas a unção e a autoridade do Espírito Santo por meio da instrumentalidade humana, que, com ousadia e intrepidez, prega a boa-nova. Todo evangelizador precisa depender do Espírito Santo. Contudo, a evangelização contemporânea deve ser estratégica em suas múltiplas dimensões:

- **Atração**: Contextualização do evangelho de acordo com a realidade contemporânea.
- **Método**: Revelação da graça salvadora e libertadora de Deus.
- **Expressão prática**: Testemunho de vidas transformadas pelo evangelho.

Quanto aos obstáculos para a inculturação do evangelho hoje, destacamos um entre os muitos: o próprio cristianismo histórico. Boff (1991, p. 53) diz que, por um lado,

> o evangelho na história deslanchou, inegavelmente, uma torrente impressionante de generosidade, de serviço abnegado aos demais, de exaltação da dignidade humana; gestou figuras da mais alta significação antropológica que se sustentam face aos critérios de qualquer cultura do passado e do presente [...] [por outro lado,] o cristianismo, especialmente em sua versão romano-católica, deixou um lastro de negatividade que não deve ser escamoteado. Hoje o diálogo intercultural mostra limites dolorosos, devido particularmente à imagem que projeta para fora, imagem vista por aqueles que não são cristãos e que "padecem" nosso processo de evangelização.

Portanto, para reformularmos os planos tradicionais de estratégias evangelísticas, Ramos (2004, p. 76-77) indica duas etapas importantes a serem cumpridas:

1. **Levantamento do perfil histórico, socioeconômico, cultural e religioso da região ou da cidade escolhida**: Nessa fase, certamente podem contribuir órgãos governamentais, como o Instituto Brasileiro de Geografia e Estatística (IBGE) e organizações não governamentais (ONGs).
2. **Mobilização e treinamento da equipe**: As pessoas e suas respectivas famílias devem ser implantadas na cidade e, à medida que forem desenvolvendo suas atividades normais como profissionais, podem atuar também como missionários, evangelizando e discipulando pessoas.

Como disse Barclay (2010, p. 43),

> não devemos esquecer jamais que Jesus é a expressão suprema da verdade, e que toda verdade é unificada nele, da mesma maneira como não devemos esquecer que o amor é a expressão máxima da moralidade cristã. Mas Deus, em sua bondade, também nos deu verdades particulares. Afirmar isso não significa diminuir Jesus, mais do que dizer que algumas verdades éticas diminuem o amor como princípio ético supremo. Aceitamos o modo como a Bíblia nos dá a verdade. A moralidade situacional e a tentativa de afirmar todas as doutrinas em termos de somente Jesus devem muito à inclinação filosófica de nossos dias. Elas são parte de nossa cultura secular; mas almejamos ser cristãos bíblicos, não apenas homens e mulheres modernos.

Depois de compreendermos a inculturação do evangelho, podemos agora conhecer alguns tipos de evangelização.

4.4 Alguns tipos de evangelização

Para finalizarmos, vamos conhecer algumas ideias evangelísticas.

Evangelização sistemática

Esse método foi utilizado pelos primeiros cristãos, em grupos pequenos (Atos dos Apóstolos, 5: 42). Permite organizar sistematicamente um bairro ou uma cidade inteira com o propósito evangelístico.

Os grupos pequenos, tanto na época da Igreja primitiva quanto hoje, têm três objetivos básicos: integrar os novos na fé; desenvolver a formação espiritual no contexto da comunhão cristã; ganhar novas pessoas para Cristo. "O grupo funciona como uma família estendida, possui membros definidos e um compromisso de cuidado mútuo" (Kornfield; Araújo, 1995, p. 44).

Toda Igreja local deseja crescer e aumentar seu número de membros. A pergunta é: Como atingir esse objetivo? A Igreja primitiva sabia como! Vejamos:

- "naquele dia houve um acréscimo de cerca de três mil pessoas" (Bíblia. Atos dos Apóstolos, 2003, 2: 41)
- "E o Senhor lhes acrescentava diariamente os que iam sendo salvos" (Bíblia. Atos dos Apóstolos, 2003, 2: 47)
- "Muitos [...] creram, chegando o número de que creram perto de cinco mil" (Bíblia. Atos dos Apóstolos, 2003, 4: 4)
- "Assim, a palavra de Deus se espalhava. Crescia rapidamente o número de discípulos em Jerusalém; também um grande número de sacerdotes obedecia à fé" (Bíblia. Atos dos Apóstolos, 2003, 6: 7)

Para Kornfield e Araújo (1995, p. 36),

> *estudando o contexto das passagens [...], no livro de Atos, descobrimos logo os fatores de crescimento. Estes fatores estão resumidos em Atos 2, 42-47, e de forma mais simples no versículo 42: "E perseveravam (se dedicavam, se consagravam) na doutrina dos apóstolos, e na comunhão, no partir do pão e nas orações". Os versículos seguintes esclarecem que estas atividades aconteceram em dois lugares: no templo e nas casas.*

Parece-nos que, se as igrejas locais contemporâneas desejam obter esse mesmo padrão de crescimento, devem seguir os princípios aplicados pela Igreja primitiva.

Evangelização dialógica
Esse método foi utilizado por Paulo no Areópago e se demonstra eficiente principalmente com universitários, na missão de levar o nome de Jesus a todos. Demonstra a importância da apologética cristã no diálogo.

Eis um esboço simples para desempenhar bem evangelização dialógica:

- Conheça seu público.
- Antes de responder, faça perguntas.
- Crie pontos de contato.
- Use os princípios da lógica.
- Responda a objeções.
- Sobretudo, dependa do Espírito Santo. A expansão contínua do evangelho, na história, é um distintivo da obra do Espírito de Deus. O Espírito Santo concede intrepidez (coragem, ousadia) na propagação do evangelho.

O início da Igreja cristã foi marcado pela poderosa atuação do Espírito Santo, resultante da oração perseverante dos crentes (Atos dos Apóstolos, 2: 42). Esse mesmo espírito continua capacitando para a obra de evangelização e expansão do Reino de Deus. Os crentes acreditam, portanto, que o Espírito Santo não está subordinado a nenhum capricho ou método humano. Por isso, o evangelizador maduro espiritualmente tem sua vida e missão de evangelizar pautadas nas Escrituras Sagradas e na direção do Espírito Santo.

Evangelização literária

Consiste na distribuição de porções das Escrituras, especialmente para os dialetos e línguas que ainda não têm nenhuma porção do evangelho escrita. A base bíblica normalmente utilizada para justificar este método está em Habacuque, 2: 2: "Para que a possa ler o que correndo passa".

Que vantagens tem a literatura sobre os demais meios de comunicação do evangelho? Walker (1987, p. 143-144) indica dez aspectos positivos:

- Permanência. Que teria sido da mensagem cristã se nunca se houvesse escrito a Bíblia?
- Retenção. Lembramo-nos melhor do que vemos do que ouvimos.
- Multiplicação. Por meio da literatura, um testemunho ou uma mensagem evangélica pode se multiplicar milhões de vezes e se difundir pelo mundo.
- Autoridade. As pessoas em geral atribuem maior autoridade à página impressa do que à palavra falada.
- Estudo objetivo. Não se pode discutir com um livro como fazemos com uma pessoa.

- Identificação do leitor. Os testemunhos, as biografias e os romances cristãos ajudam pessoas a perceber que necessitam de Cristo.
- Satisfação da fome de ler. É possível satisfazer essa fome com vários tipos de literatura.
- Penetração. A literatura pode penetrar em ambientes onde existem barreiras políticas, sociais ou religiosas a pregadores do evangelho.
- Conveniência. Cursos *online* de acordo com a própria conveniência da pessoa.
- Economia. Com a produção em massa e um bom sistema de distribuição, a evangelização por meio da literatura constituiu-se uma das formas mais econômicas.

Evangelização pela mídia e pelas redes sociais

Além dos meios de comunicação tradicionais, como rádio e TV, na pós-modernidade, com o advento da tecnologia e das novas mídias, muita coisa mudou. As redes sociais ajudaram a tornar o mundo globalizado e as informações se tornaram instantâneas.

Assim, as novas tecnologias possibilitaram aos cristãos o uso de ferramentas extraordinárias para a evangelização. Hoje, além de rádio, televisão e filmes, temos a internet e suas redes sociais: Facebook, Instagram, WhatsApp, Twitter, entre outras.

Síntese

A evangelização, como tarefa imperativa, começa com o princípio de que há somente uma salvação para toda humanidade – por meio de Jesus Cristo. Dessa forma, os métodos devem ser considerados apenas meios facilitadores de viabilização do projeto evangelizador do mundo.

Do ponto de vista social, a evangelização nos remete a uma relação de diálogo com a sociedade e a um serviço profético, de forma pertinente e crítica, fazendo articulação entre fé e vida, para que a mensagem não seja apenas palavras soltas e desconexas, sem sentido. Tudo isso deve ser feito sem atitudes imediatistas. Para Santos (1993, p. 32), "o nosso grande mal é o imediatismo: queremos ver números, frutos imediatos, e, muitas vezes, sacrificamos a qualidade pela quantidade".

Portanto, os evangelizadores não podem ser franco-atiradores querigmáticos, para que a ação evangelizadora não corra o risco de ser apenas um momento "espiritual" na vida dos evangelizandos. À luz da experiência do passado e fiel à realidade pós-moderna, os crentes devem, numa sociedade pós-cristã, propor o cristianismo como horizonte de sentido e de promoção humana.

Atividades de autoavaliação

1. Nos itens a seguir, marque V para as alternativas verdadeiras e F para as falsas:

    ( ) O fundamento da missão evangelizadora está na Grande Comissão (Mateus, 28: 18-19), a qual é extensiva, pois não envolve apenas os 12 apóstolos, mas todos os seguidores de Jesus, em todos os tempos.

    ( ) A evangelização é o grande teste de nossa vocação cristã e da nossa fidelidade ao Senhor. Aquele que confessa a Jesus Cristo como Salvador e Senhor não pode deixar de dar testemunho dele.

( ) Na evangelização, Jesus se limitou a uma única forma de evangelização, a pregação. Ele utilizou-se sempre desse método para alcançar seus objetivos, sem variar.

( ) O modelo prático de evangelismo para todas gerações de cristãos é aquele deixado por Jesus, conforme registrado nos quatro evangelhos.

( ) A Igreja cristã não precisa evangelizar, já que as pessoas vão à Igreja automaticamente.

2. Nos itens a seguir, marque V para as alternativas verdadeiras e F para as falsas:

( ) Em sua prática evangelística, Jesus foi ao encontro das pessoas e não abandonou ninguém, em nenhuma circunstância.

( ) A cada convite de Jesus, novos encontros continuavam acontecendo, mostrando que o seu chamamento ia além de uma experiência pessoal e tinha uma perspectiva evangelística: a pessoa chamada saía imediatamente para evangelizar outros.

( ) Depois da grandiosa surpresa e do impacto experimentado pelo olhar gracioso de Jesus, Natanael ficou completamente desarmado em seu ceticismo e reagiu fazendo uma tremenda profissão de fé em Jesus como seu Salvador e Mestre: "Rabi, tu és o Filho de Deus, tu és o Rei de Israel" (João, 1: 49).

( ) Com efeito, o foco de Jesus nunca foi a evangelização e a formação de evangelizadores; o que ele fez foi implantar seu reino político, a esperança messiânica dos judeus e dos discípulos.

( ) Jesus jamais tomava iniciativa de ir ao encontro das pessoas; elas é que iam ao seu encontro.

3. Nos itens a seguir, marque V para as alternativas verdadeiras e F para as falsas:

( ) Na evangelização, Jesus sempre fez opção preferencialmente pelos pobres.

( ) Jesus não fazia opção pelos pobres, pois a boa notícia de salvação é para todos que se encontram destituídos da presença salvadora de Deus, em Cristo Jesus.

( ) O evangelho é para pobres, ricos e poderosos, a fim de conscientizá-los de sua miserabilidade espiritual para que, sendo salvos, se sintam verdadeiramente benditos no Reino de Deus.

( ) Na busca de um evangelismo de resultados, que seja efetivo em nossa geração, precisamos levar em conta três dimensões: crescimento quantitativo (numérico); crescimento qualitativo (moral); crescimento orgânico (unidade).

( ) A Igreja que evangeliza não deve se preocupar com quantidade, mas com qualidade.

4. Nos itens a seguir, marque V para as alternativas verdadeiras e F para as falsas:

( ) Jesus tinha plena consciência de sua missão evangelizadora, e seu projeto evangelizador concentrou-se em todas as dimensões do ser humano, com possibilidade de reintegrá-lo socialmente.

( ) Jesus foi um evangelizador, mas o seu foco não eram as pessoas em si, e sim as instituições do seu tempo.

( ) A salvação espiritual pressupõe quebrantamento, reconhecimento do pecado. Ou seja, o evangelizador leva o evangelizando a um profundo arrependimento. Não se trata de mera emoção ou medo, mas de arrependimento consciente e saudável.

( ) A encarnação do verbo (João, 1: 1, 14), de certa forma, foi a inculturação de Jesus no mundo, sublinhando sua fragilidade e sua mortalidade, tornando possível conhecer a realidade dos homens: seus sofrimentos, sentimentos e ações, ao fazer parte do mundo deles, para andar junto deles e anunciá-los o reino.

( ) A verdadeira evangelização não se preocupa com nenhum tipo de inculturação.

5. Nos itens a seguir, marque V para as alternativas verdadeiras e F para as falsas:

( ) De acordo com os relatos dos evangelhos, em nenhum momento vemos Jesus empenhado em treinar seus discípulos no evangelismo, nem com palavras, nem com ações.

( ) O propósito de Jesus no diálogo com a mulher samaritana foi partilhar a graça solidária de Deus. Ele se apresenta como doador da água que dá vida aos necessitados, encarando o conflito histórico entre os povos como processo pedagógico, ou momento para parar, rever e fazer as mudanças necessárias.

( ) Existem casos e ocasiões em que somente o evangelismo pessoal alcança o evangelizando, pois há pessoas que jamais assistiriam a reuniões evangelísticas em templos ou onde for, devido a preconceitos, falsa concepção, ignorância, ordens recebidas, imposições religiosas, falsas informações, falsas ideias etc.

( ) Estratégicas evangelísticas, como testemunho pessoal, evangelismo dialógico, pela mídia e redes sociais etc., são fundamentais para levar pessoas a Jesus e fazer a Igreja crescer.

( ) A Igreja não deve investir em evangelismo, mas em integração.

Atividades de aprendizagem

Questões para reflexão

1. Na experiência dos discípulos no caminho de Emaús, o diálogo com Jesus mudou radicalmente o tom da conversa e seus olhos foram abertos, levando-os fazer uma tremenda profissão de fé (Lucas, 24: 32). Indique os três critérios apontados pela experiência evangelística de Jesus sobre o seu método de evangelizar.

2. A metodologia de evangelização de Jesus, segundo Coleman (2006, p. 17-109), tem oito princípios orientadores. Cite pelo menos três deles e explique-os.

3. O que acontece quando a comunidade do povo de Deus "perde" a dimensão da unidade espiritual pela qual Jesus orou, segundo a Bíblia, em João, 17: 21?

4. Por que os evangelizadores não podem ser franco-atiradores querigmáticos?

Atividade aplicada: prática

1. Marque um encontro com um grupo de amigos para desenvolver conversas a respeito do método de evangelização praticado por Jesus. Discutam de que forma podem-se aplicar os princípios ensinados por Jesus para que a evangelização seja eficiente. Faça um resumo do que foi debatido e termine com uma proposta prática de evangelização.

considerações finais

Este tratado sobre os fundamentos da evangelização tem como primeiro objetivo tornar conhecida a boa-nova de Deus (na pessoa de Jesus Cristo), para a salvação do homem e a criação da comunidade dos fiéis ao Senhor, como lugar de cura e restauração para o serviço cristão.

A prática da evangelização foi a vocação dos primeiros discípulos e, subsequentemente, de todos os seguidores do Cristo ressuscitado no decorrer da história. Para ser um discípulo integral do Mestre, é preciso converter-se espiritualmente e impor-se a si mesmo a disciplina do testemunho do evangelho no cotidiano.

Assim, procuramos retratar que o evangelho de Cristo exige uma conscientização permanente acerca da missão de realizar o projeto de Deus, que implica libertar o homem do pecado e reintegrá-lo à convivência humana na comunidade de discípulos. Também apresentamos caminhos de contextualização da mensagem do evangelho ante os desafios da missão no século XXI.

Nosso intuito, nesta obra, foi refletir sobre como articular a evangelização no contexto atual – o mundo do ceticismo –, comunicando a graça de Deus de um modo convidativo, que consiga aplicar o poder do evangelho para a transformação das pessoas. Esperamos, pois, que, ao longo da sua leitura, você possa ter percebido a evangelização como uma tarefa inacabada.

referências

ABREU, P. de. Pressupostos para uma experiência evangelizadora inculturada. **Revista de Cultura Teológica**, v. 14, n. 57, p. 75-90, out./dez. 2006. Disponível em: <https://revistas.pucsp.br/index.php/culturateo/article/viewFile/15092/11273>. Acesso em: 24 jan. 2018.

AGOSTINHO, Santo. **Instrução dos catecúmenos**: teoria e prática da catequese. Petrópolis: Vozes, 2005.

___. **Tratado sobre o evangelho de João**: 11,6. São Paulo: Cultor de Livros, 2017.

ALDRICH, J. C. **Amizade, a chave para a evangelização**. São Paulo: Vida Nova, 1992.

ALEXANDER, P.; ALEXANDER, D. (Ed.). **Manual bíblico**. São Paulo: Sociedade Bíblica do Brasil, 2008.

ALMEIDA JR., W. **O estilo de vida marcado pelo amor doador**. 3 jan. 2013. Disponível em: <http://walteralmeidajr.blogspot.com.br/2013/01/o-estilo-de-vida-marcado-pelo-amor.html>. Acesso em: 24 jan. 2018.

A MUDANÇA das condições do convertido. **Centralizados em Cristo**, 16 jun. 2015. Disponível em: <http://centralizadosemcristo.blogspot.com.br/2015/06/a-mudanca-das-condicoes-do-convertido.html#.WmiMJK6nGUl>. Acesso em: 24 jan. 2018.

ANDRADE, C. C. **Dicionário teológico**. Rio de Janeiro: CPAD, 1998.

BARCLAY, O. **Mente cristã**. São Paulo: Cultura Cristã, 2010.

BARNA, G. **Evangelização eficaz**: alcançando gerações em meio a mudanças. Campinas: United Press, 1998.

BARREIRO, Á. **Vimos a sua glória**: como Jesus vê e olha e como é visto e olhado no evangelho de João. São Paulo: Paulinas, 2005.

BENTON, J. **Cristãos numa sociedade de consumo**. São Paulo: Cultura Cristã, 2002.

BERALDO, J. G. **Decálogo de uma nova evangelização inculturada**. São Paulo: Loyola, 1998.

BIANCHI, E. **Novos estilos de evangelização**. São Paulo: Loyola, 2015.

BÍBLIA. Português. **Bíblia de estudo NVI**. São Paulo: Vida, 2003.

____. **Bíblia de Jerusalém**. São Paulo: Paulus, 2016.

____. **Bíblia Sagrada**: Almeida revista e corrigida. 4. ed. São Paulo: Sociedade Bíblica do Brasil, 2009.

BINGEMER, M. C. **Ser cristão hoje**. São Paulo: Ave-Maria, 2013.

BINGEMER, M. C.; YUNES, E. (Org.). **Profetas e profecias**: numa visão interdisciplinar e contemporânea. São Paulo: Loyola/PUC-Rio, 2002.

BLAUW, J. **A natureza missionária da Igreja**. São Paulo: Aste, 1966.

BOFF, L. **Cristianismo**: mínimo do mínimo. Petrópolis: Vozes, 2011.

____. **Nova evangelização**: perspectiva dos oprimidos. Petrópolis: Vozes, 1991.

BONHOEFFER, D. **Vida em comunhão**. São Leopoldo: Sinodal, 1986.

BONINO, J. M. et al. **Luta pela vida e evangelização**. São Paulo: Paulinas, 1985.

BORTOLINI, J. **Como ler o evangelho de João**: o caminho da vida. São Paulo: Paulus, 1994.

BRAKEMEIER, G. **Sabedoria da fé num mundo confuso**.
São Leopoldo: Sinodal, 2014.

BRETON, S. **O futuro do cristianismo**. São Paulo: Paulinas, 2006.

BRIGHENTI, A. **A missão evangelizadora no contexto atual**:
realidade e desafios partir da América Latina. São Paulo:
Paulinas, 2006.

BROWN, C. (Ed.). **The New International Dictionary of New
Testament Theology.** Grand Rapids: Zondervan, 1975. v. 2.

CAHIL, M. **Evangelismo**: uma coisa que você não pode fazer no céu.
Tradução de Hope Gordon Silva. São Paulo: Shedd, 2008.

CALLE, F. A **teologia do quarto evangelho**. São Paulo: Paulinas, 1978.

CARLA, E. **Periodico misionero**. Disponível em: <http://
mimisionesllevarjesusatodos.blogspot.com.br/2012/03>.
Acesso em: 23 jan. 2018.

CARLOS JOSAPHAT, Frei. **Evangelho e revolução social**. Petrópolis:
Vozes, 1962.

CARRIKER, T. **Missão integral**: uma teologia bíblica. São Paulo:
Sepal, 1992.

CARSON, D. A. **Comentário bíblico Vida Nova**. Tradução de Carlos E. S.
Lopes et al. São Paulo: Vida Nova, 2009.

____. **Cristo & cultura**: uma releitura. Tradução de Márcio Loureiro
Redondo. São Paulo: Vida Nova, 2012a.

____. **O Deus presente**: encontrando seu lugar no plano de Deus.
Tradução de Francisco Wellington Ferreira. São José dos Campos:
Fiel, 2012b.

CAVALCANTI, R. **A cidadania como exercício da santidad**e. Igreja
Metodista em Vila Isabel, Rio de Janeiro, 15 set. 2008. Disponível
em: <http://www.metodistavilaisabel.org.br/artigosepublicacoes/
descricaocolunas.asp?Numero=1416>. Acesso em: 24 jan. 2018.

COLEMAN, R. **Plano mestre de evangelismo.** tradução de Omar de
Souza. 2. ed. São Paulo: Mundo Cristão, 2006.

COLSON, C.; FICKETT, H. **A fé em tempos pós-modernos**. São Paulo: Vida, 2009.

COLSON, C.; PEARCEY, N. **O cristão na cultura de hoje**. Rio de Janeiro: CPAD, 2006.

COMBLIN, J. **Evangelizar**. São Paulo: Paulus, 2010.

____. **Pastoral urbana**: o dinamismo na evangelização. 2. ed. Petrópolis: Vozes, 2000.

COMISSÃO DE MISSÃO E EVANGELIZAÇÃO DO CMI. **Missão e evangelização**. São Paulo: Imprensa Metodista, 1985.

COSTA, H. M. P. **Breve teologia da evangelização**. São Paulo: PES, 1996.

DONZELLINI, M. **A pedagogia de Jesus**. São Paulo: Paulus, 2013.

ELLUL, J. **Cristianismo revolucionário**: a importância da presença do cristão no mundo atual. Brasília: Palavra, 2012.

ERICKSON, M. J. **Dicionário popular de teologia**. Tradução de Emirson Justino. São Paulo: Mundo Cristão, 2011.

FORD, L. **Jesus**: o maior revolucionário. Niterói: Vinde Comunicações, 1984.

GILBERT, G. **O que é o evangelho?** Tradução de Francisco Wellington Ferreira. São José dos Campos: Fiel, 2011.

GILBERTO, A. **A prática do evangelismo pessoal**: a maravilhosa tarefa de ser pescador de homens. 6. ed. Rio de Janeiro: CPAD, 1996.

GONDIM, R. **Artesãos de uma nova história**. São Paulo: Candeia, 2001.

GONZÁLEZ-CARVAJAL, L. **Nossa fé**. São Paulo: Loyola, 1992.

GONZÁLEZ, J. L. **Cultura e evangelho**: o lugar da cultura no plano de Deus. Tradução de Vera E. Jordan Aguiar. São Paulo: Hagnos, 2011.

____. **Desafios do século 21 para o pensamento cristão**: esboços teológicos. São Paulo: Hagnos, 2014.

____. **Uma história do pensamento cristão**. São Paulo: Cultura Cristã, 2004. v. 1: do início até o concílio de Calcedônia.

GREEN, M. **Evangelização na igreja primitiva**. Tradução de Hans Udo Fuchs. São Paulo: Vida Nova, 1990.

GREENWAY, R. **Ide e fazei discípulos**: uma introdução às missões cristãs. São Paulo: Cultura Cristã, 2001.

HABERMAS, R. **O discípulo completo**. Rio de Janeiro: Central Gospel, 2009.

HAERING, B. **Moral e evangelização hoje**: a moral da evangelização e a evangelização da moral. São Paulo: Paulinas, 1977.

____. **O cristão e o mundo**. Rio de Janeiro: Paulinas, 1970.

HENRICHSEN, W. A. **Discípulos são feitos, não nascem prontos**. São Paulo: Atos, 2002.

HENRY, M. **Comentário bíblico Novo Testamento**: Atos a Apocalipse. Tradução de Luis Aron, Valdemar Kroker e Haroldo Janzen. Rio de Janeiro: CPAD, 2002. v. 2.

____. ____. Tradução de Luis Aron, Valdemar Kroker e Haroldo Janzen. Rio de Janeiro: CPAD, 2008. v. 2.

HORTON, S. M. **O cristão e a cultura**. São Paulo: Cultura Cristã, 2006.

JAUBERT, A. **Leitura do evangelho segundo João**. São Paulo: Paulus, 1985.

JOÃOZINHO, Padre et al. **Cristo Mestre**. São Paulo: Loyola, 1995.

JOHNSON, G. **O mundo de acordo com Deus**. São Paulo: Vida, 2006.

KORNFIELD, D.; ARAÚJO, G. de. **Implantando grupos familiares**. São Paulo: Sepal, 1995.

KORNFIELD, D.; LIMA, J. **Bíblia de estudo do discipulado**. São Paulo: SBB, 2017.

KREEFT, P. **Jesus**: o maior filósofo que já existiu. Tradução de Lena Aranha. São Paulo: Thomas Nelson Brasil, 2009.

KÜNG, H. **Por que ainda ser cristão hoje?** Tradução de Carlos A. Pereira. São Paulo: Verus, 2004.

LENAERS, R. **Outro cristianismo é possível**: a fé em linguagem moderna. Tradução de Maria Paula Rodrigues. São Paulo: Paulus, 2001.

LIBANIO, J. B. **Qual o futuro do cristianismo?** São Paulo: Paulus, 2008.

LIMA, J. **Legado espiritual**: o que você faz hoje influenciará a próxima geração. Curitiba: AD Santos, 2010a. (Série Liderança Excelente).

____. **Manual de Treinamento "Projeto Filemom"**: ajude a sua igreja crescer e multiplicar através da integração. Arapongas: [s.n.], 2016.

____. **Maturidade emocional**: equilíbrio entre o ser e o fazer. Curitiba: AD Santos, 2009. (Série Liderança Excelente).

____. **O caminho da formação de um discípulo**: estabelecendo uma relação de ajuda que se reproduz. Arapongas: Aleluia, 2018

____. **Ressentimentos e amarguras**: em busca da saúde da alma. Curitiba: AD Santos, 2010b.

LOPES, H. D. **Tito e Filemom**: doutrina e vida, um binômio inseparável. São Paulo: Hagnos, 2009.

____. **Transformando vidas.** Goiânia: Z3, 2008.

LUCAS, M. **Os religiosos e a evangelização da cultura**. São Paulo: Paulus, 1994.

MACARTHUR, J. **Nossa suficiência em Cristo**: três influências letais que minam sua vida espiritual. São Paulo: Fiel, 1995.

____. **O evangelho segundo Jesus.** São Paulo: Fiel, 1991.

MARINS, J. et al. **Comunidades eclesiais de base**: foco de evangelização e libertação. São Paulo: Paulinas, 1980.

MARTINI, C. M. **O evangelho na comunicação**. São Paulo: Paulus, 1994.

MATIAS, N. P. **Missão é singular.** Joinville: Clube de Autores, 2010.

MESTERS, C. **A Bíblia na nova evangelização**. São Paulo: Loyola, 1990.

MEYER, F. B. **Comentário bíblico**. Belo Horizonte: Betânia, 2002.

MITTELBERG, M. **Seu caminho de fé**. Curitiba: Esperança, 2011.

MONTEIRO, M. A. L. **Em diálogo com a Bíblia**: Efésios. Curitiba: Encontrão, 1994.

MOORE, B. **O viver é Cristo**: imitando a vida de um seguidor apaixonado. São Paulo: Vida, 2010.

MORRIS, G. E.; FOX, H. E. **Anunciemos o Senhor**: a evangelização na virada do século. São Paulo: Imprensa Metodista, 1994.

MOSER, A. **O pecado ainda existe?** Pecado, conversão, penitência. São Paulo: Paulinas, 1976.

NAVARO, A. **Evangelização**. Rio de Janeiro: Louva-a-Deus, 1986.

O EVANGELHO e a cultura. Tradução de José Gabriel Said. São Paulo: ABU; Visão Mundial, 1978. (Série Lausanne).

_____. Tradução de José Gabriel Said. 2. ed. São Paulo: ABU; Visão Mundial, 1985. (Série Lausanne).

OLIVEIRA, P. E. **Mestres que seguem o Mestre**: uma espiritualidade do educador. São Paulo: Paulinas, 2006.

OGDEN, G. **Elementos essenciais do discipulado**. São Paulo: Vida, 2010.

OVERBECK, C. **Ide, evangelizai!** São Paulo: Paulinas, 1995.

PADILHA, R. **Missão integral**. Londrina: Descoberta, 2005.

PACKER, J. I. **A evangelização e a soberania de Deus**. Tradução de Gabriele Greggersen. São Paulo: Cultura Cristã, 2002.

PANAZZOLO, J. **Caminho de iniciação à vida cristã**. São Paulo: Paulus, 2011.

PAULY, E. L.; SCHÜNEMANN, R. (Org.). **Desafios urbanos à igreja**. São Leopoldo: Sinodal, 1995.

PEARCEY, N. **Verdade absoluta**: libertando o cristianismo de seu cativeiro cultural. Tradução de Luis Aron. Rio de Janeiro: CPAD, 2006.

PEARLMAN, M. **Epístolas paulinas**. Rio de Janeiro: CPAD, 1998.

PIPER, J. **Deus é o evangelho**: um tratado sobre o amor de Deus como oferta de si mesmo. Tradução de Francisco Wellington Ferreira. São Paulo: Fiel, 2006.

PORTELA NETO, S. Globalização: uma visão bíblica e histórica do conceito. **Teologia Brasileira**, 7 ago. 2018. Disponível em: <https://teologiabrasileira.com.br/globalizacao-uma-visao-biblica-e-historica-do-conceito/>. Acesso em: 30 abr. 2019.

QUEIRUGA, A. T. **Fim do cristianismo pré-moderno**: desafios para um novo horizonte. Tradução de Afonso Maria Ligorio Soares. São Paulo: Paulus, 2003.

RAMOS, R. **Evangelização no mercado pós-moderno**. Viçosa: Ultimato, 2004.

RICHARDS, L. O. **Comentário histórico-cultural do Novo Testamento**. Tradução de Degmar Ribas Júnior. Rio de Janeiro: CPAD, 2007.

ROWLAND, S. **Evangelismo e ação social**: multiplicando luz e verdade. Londrina: Ministério Multiplicação da Palavra, 2004.

SANTOS, M. do R. dos. **Jesus evangelizador**. Brasília: Nova Evangelização, 1993.

SANTOS, P. P. **Evangelização fundamental**. Aparecida: Santuário, 1989. v. 1.

SCHAEFFER, F. **O Deus que intervém**. Tradução de Gabrielle Gregersen. São Paulo: Cultura Cristã, 2002.

SCHINELO, E. **Bíblia e educação popular**. São Leopoldo: Cebi, 2005.

SCHIRATO, S. J. **Homem 70**. 3. ed. São Paulo: Loyola, 1979.

SHEDD, R. P. **Evangelização**: fundamentos bíblicos. São Paulo: Shedd, 1996.

SIRE, J. W. **Hábitos da mente**: a vida intelectual como um chamado cristão. Tradução de Paulo Zacarias. São Paulo: Hagnos, 2006.

SNYDER, H. **A comunidade do Rei**. Tradução de Liliane Trovati Chaves. São Paulo: Cultura Cristã, 1999.

SOARES, E. **Manual básico de missões e evangelismo**. Jundiaí: Além-Mar, 2003.

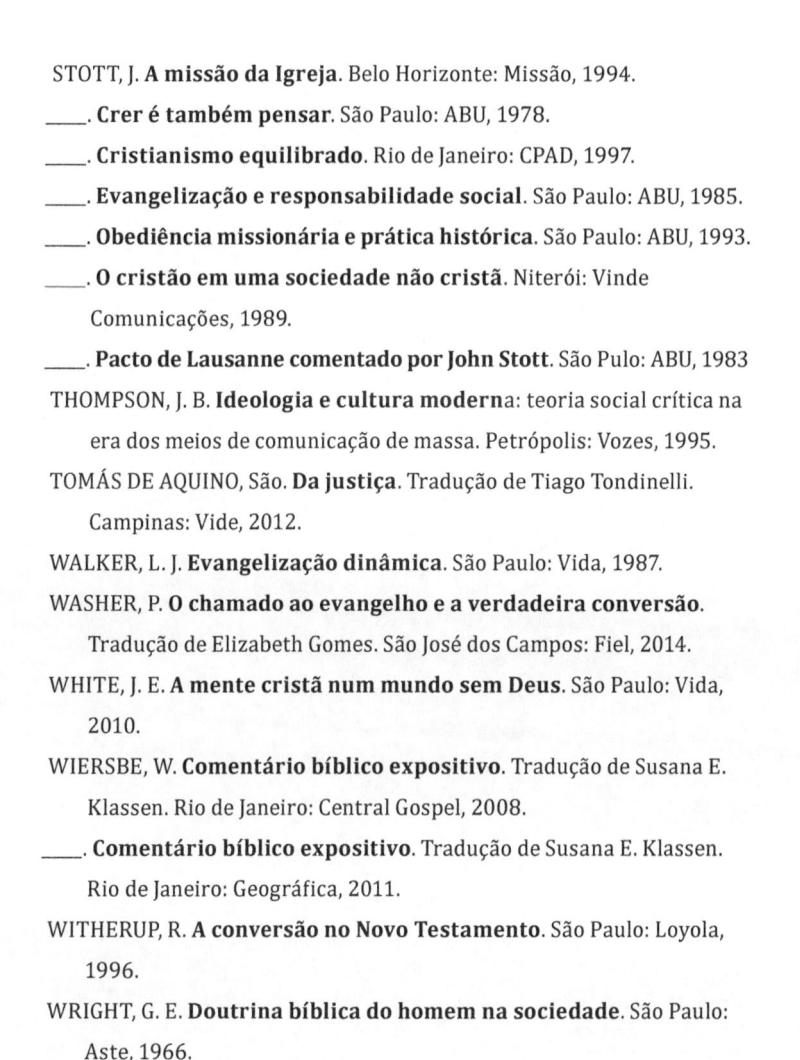

STOTT, J. **A missão da Igreja**. Belo Horizonte: Missão, 1994.

____. **Crer é também pensar**. São Paulo: ABU, 1978.

____. **Cristianismo equilibrado**. Rio de Janeiro: CPAD, 1997.

____. **Evangelização e responsabilidade social**. São Paulo: ABU, 1985.

____. **Obediência missionária e prática histórica**. São Paulo: ABU, 1993.

____. **O cristão em uma sociedade não cristã**. Niterói: Vinde Comunicações, 1989.

____. **Pacto de Lausanne comentado por John Stott**. São Pulo: ABU, 1983

THOMPSON, J. B. **Ideologia e cultura moderna**: teoria social crítica na era dos meios de comunicação de massa. Petrópolis: Vozes, 1995.

TOMÁS DE AQUINO, São. **Da justiça**. Tradução de Tiago Tondinelli. Campinas: Vide, 2012.

WALKER, L. J. **Evangelização dinâmica**. São Paulo: Vida, 1987.

WASHER, P. **O chamado ao evangelho e a verdadeira conversão**. Tradução de Elizabeth Gomes. São José dos Campos: Fiel, 2014.

WHITE, J. E. **A mente cristã num mundo sem Deus**. São Paulo: Vida, 2010.

WIERSBE, W. **Comentário bíblico expositivo**. Tradução de Susana E. Klassen. Rio de Janeiro: Central Gospel, 2008.

____. **Comentário bíblico expositivo**. Tradução de Susana E. Klassen. Rio de Janeiro: Geográfica, 2011.

WITHERUP, R. **A conversão no Novo Testamento**. São Paulo: Loyola, 1996.

WRIGHT, G. E. **Doutrina bíblica do homem na sociedade**. São Paulo: Aste, 1966.

bibliografia comentada

BARNA, G. **Evangelização eficaz**: alcançando gerações em meio a mudanças. Campinas: United Press, 1998.

A obra de Barna é um excelente tratado de evangelização tanto local como transcultural. O autor, primeiramente, aborda a vida e as crenças daqueles que ainda não foram alcançados pelo evangelho. Depois, apresenta estratégias de evangelização realmente eficazes, que contrastam a relevância das abordagens bíblicas com as metodologias e técnicas humanas, adaptadas ao contexto cultural. Como efeito, Barna lança um olhar na sociedade moderna e mostra a existência de um vasto campo de pessoas que precisam desesperadamente de Deus e da reconciliação de Jesus Cristo.

BIANCHI, E. **Novos estilos de evangelização**. São Paulo: Loyola, 2015.

Bianchi começa sua obra com a afirmação da Palavra de Deus como fonte da evangelização. Depois, aborda o contexto da evangelização: indiferença, pluralismo, "diferença". Em seguida, fala da razão por que evangelizar e o conteúdo da evangelização, para chegar ao ponto-chave do livro, que é como evangelizar: estilo cristão na companhia dos homens e testemunho da vida boa. O autor conclui com a liturgia da evangelização, ou seja, a liturgia como ferramenta de evangelização da Igreja.

COLEMAN, R. **Plano mestre de evangelismo**. Nova tradução de Omar de Souza. 2.ed. São Paulo: Mundo Cristão, 2006.

Este livro é um clássico sobre evangelismo e discipulado. Coleman traça um perfil do ministério de Jesus para a expansão do evangelho por meio do seu relacionamento com os discípulos. O autor divide o livro em oito etapas, as quais mostram a vivência de Jesus e seus seguidores com o evangelismo e o discipulado: 1) seleção dos discípulos; 2) associação com os discípulos; 3) consagração dos discípulos; 4) transmissão do ensino a esses discípulos; 5) demonstração aos discípulos do ensino pela própria experiência; 6) delegação de tarefas de evangelização e discipulado; 7) supervisão do trabalho executado pelos discípulos; 8) reprodução, quando esses discípulos fazem outros discípulos.

PACKER, J. I. **A evangelização e a soberania de Deus**. Tradução de Gabriele Greggersen. São Paulo: Cultura Cristã, 2002.

Nesta clássica obra de Packer, temos um tratado rigoroso sobre as evidências bíblicas da soberania de Deus, que forma toda a estrutura para a relação entre ela na evangelização e a responsabilidade humana. Se a soberania de Deus for bem compreendida, em nada impede a prática da evangelização. Ao contrário, essa doutrina é um poderoso incentivo e apoio para anunciarmos o evangelho aos que não o conhecem. O autor é incisivo de que a crença na soberania não afeta a necessidade de evangelizar, a urgência e a sinceridade do convite e a responsabilidade do pecador em assumir sua situação degenerada e se apegar à dependência constante de Deus, o único capaz de salvá-lo.

SHEDD, R. P. **Evangelização**: fundamentos bíblicos. São Paulo: Shedd, 1996.

O objetivo desta obra não é outro senão mostrar que a Bíblia coloca Deus no centro e que Sua glória é o alvo principal da evangelização. Nessa perspectiva, muito mais do que apresentar as bases bíblicas para a ação evangelizadora, o autor expõe as raízes da ação mais esperada e relevante da Igreja.

respostas

Capítulo 1

Atividades de autoavaliação

1. V, F, V, F, F
2. V, V, F, V, V
3. F, V, V, V, F
4. F, V, V, V, F
5. V, F, V, F, F

Capítulo 2

Atividades de autoavaliação

1. V, V, F, V, F
2. V, F, V, V, V
3. V, V, F, V, F
4. F, V, V, V, F
5. F, F, V, V, F

Capítulo 3

Atividades de autoavaliação

1. V, F, F, F, F
2. V, V, F, V, F
3. V, V, F, V, V
4. V, V, V, F, V
5. V, F, V, V, V

Capítulo 4

Atividades de autoavaliação

1. V, V, F, V, V
2. V, V, F, F, F
3. F, V, V, F, F
4. V, F, V, V, F
5. F, V, V, F, F

sobre os autores

Prof. Dr. Cícero Bezerra é coordenador do bacharelado em Teologia no Centro Universitário Internacional Uninter e trabalha como professor há 30 anos. É doutor em Teologia pela Pontifícia Universidade Católica do Rio de Janeiro (PUC-RJ), mestre em Teologia Pastoral pela Pontifícia Universidade Católica do Paraná (PUCPR) e especialista em Treinamento de Líderes pela Faculdade Sul-Americana de Londrina (PR). Atualmente, faz treinamento de líderes e mobilização de lideranças estratégicas para evangelização. É autor de 36 livros na área.

Prof. Esp. Josadak Lima é escritor, conferencista e pastor de pastores. É especialista em Docência do Ensino Superior e autor de mais de 50 livros sobre temas teológicos e pastorais. Viaja pelo Brasil para dar apoio e treinamento para líderes religiosos. Atualmente, é diretor executivo da Aliança Brasileira de Pastoreio de Pastores (ABPP).

Os papéis utilizados neste livro, certificados por instituições ambientais competentes, são recicláveis, provenientes de fontes renováveis e, portanto, um meio responsável e natural de informação e conhecimento.

FSC
www.fsc.org
MISTO
Papel produzido
a partir de
fontes responsáveis
FSC® C103535

Impressão: Reproset
Julho/2021